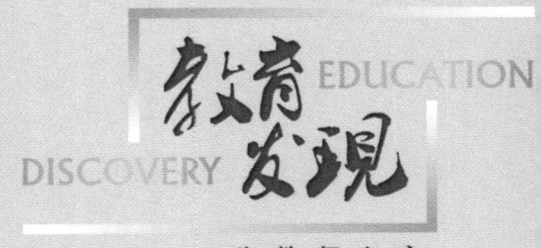

教育 EDUCATION

DISCOVERY 发现

为 教 师 立 言

教育发现

EDUCATION DISCOVERY · EDUCATION DISCOVERY · EDUCATION DISCOVERY · EDUCATION DISCOVERY · EDUCATION DISCOVERY

教育发现 EDUCATION DISCOVERY

这样
教书
很幸福

弭新凤 著

山东文艺出版社

图书在版编目（CIP）数据

这样教书很幸福／弭新凤著.—济南：山东文艺出版社，
2021.8
ISBN 978 - 7 - 5329 - 6415 - 4

Ⅰ.①这… Ⅱ.①弭… Ⅲ.①语文教学—教学研究
Ⅳ.①H19

中国版本图书馆 CIP 数据核字（2021）第 139267 号

这样教书很幸福

弭新凤　著

主管单位　山东出版传媒股份有限公司
出版发行　山东文艺出版社
社　　址　山东省济南市英雄山路 189 号
邮　　编　250002
网　　址　www. sdwypress. com

- -

读者服务　0531 - 82098776（总编室）
　　　　　　0531 - 82098775（市场营销部）
电子邮箱　sdwy@ sd press. com. cn

- -

印　　刷　山东新华印务有限公司
开　　本　710 毫米 × 1000 毫米　1/16
印　　张　14.5　插页/2
字　　数　200 千
版　　次　2021 年 8 月第 1 版
印　　次　2021 年 8 月第 1 次印刷
书　　号　ISBN 978 - 7 - 5329 - 6415 - 4
定　　价　45.00 元

- -

一个语文老师的幸福生活

12 年前，章丘四中教科室创办了基于学科教学的实践性学习杂志《探索者》，杂志的"跋"《首要的事——我们要先解放我们自己》是一篇颇有见地的文章，令我产生了深刻的印象。我问学校教科室主任王晶华文章的作者是谁，她说是他们学校的语文老师弭新凤。再后来，王主任还多次跟我说起她，说她是一位踏实认真、热爱教书、有教育情怀的语文老师。由此，我对弭老师多了一份关注，尤其是她写的语文教学方面的随笔、关于教育的思考等。

今天阅读弭老师的书稿，才知她已过知命之年，却依然神采飞扬地站在讲台上，她的课得到一届届学生的喜欢。她工作近 30 年，一直坚持读书、教书、思考、写作，积累了大量的教育随笔。这成了她教育生涯中最宝贵的精神财富，也是她卓越的语文教育生活的生动写照。

多年来，她持续不断地进行语文课堂教学探索实践，创立了语文自主体悟式活动课堂，积累了大量丰富生动的课堂实践课例。她的探索实践来自她的语文教育文化自觉，且恒久不懈。她在自己的教育随笔中写道："我的幸福在课堂，一心向学，老而不颓。"这样的文字让人怦然心动，这样的状态让人羡慕不已。弭老师热爱教书、享受教书，一种教育生活的幸福在她内心流淌，这是令多少教育人神往而不得的教育生活。

她为自己的书取名"这样教书很幸福"。幸福是什么？弡老师在书中写道：幸福是不攀，不比；不争，不抢。我做事，我愿意，我喜欢，发诸真心，不慕虚荣。幸福是一种"向内求"的精神追求，是一种适切自己心灵的自我满足。

弡老师正是以这样的精神追求，用心经营课堂，思考课堂，创造课堂，记录课堂。在她的语文活动课堂上，呈现了用激情点燃激情，用创造引发创造，用幸福感染幸福的理想教育场景。语文教育的幸福感，源自她对教育教学的热爱，更源自一种乐此不疲的创造力。"老师大胆放手之处，便是学生自主创造之地；老师大胆放手之时，便是学生自主创造之时。"正是基于这样的认识，弡老师的课堂才变成了师生共同创造的乐园。在这片乐园里，师生互相发现、互相欣赏，享受着教育人的终极快意。

我认为，打开教师职业生活幸福之门的钥匙，就是让自己走进教育的自由王国，去探究和发现儿童成长的奥秘，倾听儿童生命成长拔节的声音。弡老师之所以能过上一种幸福的教育生活，正是因为她每天创造着有价值的教育生活；每天与学生在一起，经历与分享学生成长的快乐；每天静下心来回味和反思自己的教育生活。

最后，我愿意把弡老师的话送给老师们："作为老师，我不需要谁来认识我，我不需要谁来赏识我，最美的发现在学生的眼睛里。置身于那片闪烁的星光里，我就是天底下最幸福的人。"

张志勇

2021 年 7 月 18 日于北京

教师走向幸福的路径

  弻老师是一位高中教师。高中教师留给我们的印象通常是：教学任务重，在校时间长，高考压力大……也正因此，高中教师的生活会显得更加枯燥和琐碎，距离幸福的感觉也就更远了些。那么，作为一名教师，怎样才能找到职业的幸福感呢？这个问题可以从弻老师的书里找到答案。

  弻老师的这本书叫作《这样教书很幸福》，题目很坦率地告诉读者：只需要如此这般，就可以拥有幸福的教育生活。如此，就是像弻老师这样；这般，就是像弻老师写的这样。从这个意义上来说，弻老师的这本书就具有示范的作用，也颇具引领的功能。那么，弻老师在书中告诉了我们怎样的路径呢？在阅读过书稿之后，我觉得可以归纳为三点：有书可读，有话可说，有课可上。

  有书可读，这是幸福教师区别于普通教师最为典型的特征。现在的教师读书的不多，酷爱读书的就更为稀罕。因为不读书，教师的知识结构得不到更新，能力素养停滞不前，很难适应日新月异的教育教学工作。用个不太形象的比喻，很多教师的教育教学工作，就像是绿皮火车的司机师傅去开高铁，不但驾驭不了课堂，还会对学生造成伤害。从教师的角度来说，因为能力与岗位不匹配，工作起来自然就会更累、更烦、更没有成效，从而导致教师的职业幸福感严重匮乏。而读书，无疑是教师走向幸福的捷径，原因可以解读为三点：一是阅读让教师的知识结构不断更新，实现与实践需求的步调一致；二是阅读可以让教师的视野更为开阔，从而不断发现、走进和探索更为优质的教育；三是阅读可以让教师的情怀更为丰盈，从生活与工作的多维度涵养心灵。所以，我很赞同弭老师在书中对读书的观点——读书是教师的如意金箍棒，可以让教育生活变得更自由、更幸福。

有话可说。这里"说"不仅是指嘴上的功夫，而是所有表达的总称，包括书面表达和口头表达。比如，你今天对一个学生问题的处理很到位，效果很好，你接下来要做的事情是什么？那就是要把经验表达出来，可以完整地讲出来，也可以清晰地写出来。但是，从当下的实践来看，能够把自己经历的、看到的、想到的东西表达出来的教师很少，具有这种习惯的教师就更少，这其实在很大程度上影响和制约了教师的专业发展。弭老师就是一位会写的老师，去上海培训基地归来要写写随感，参加教学研讨活动要写写心得，听完专家报告要写写体会。弭老师还是一个会讲的老师，家长会上能讲，报告会上能讲，学校集会上也能讲。能写会讲的本质就是善于表达，而表达并不是一件很容易的事情，因为表达需要人进行深入的思考、系统的梳理，而成长也就在这样的思考与梳理中慢慢显现，疑虑和困顿则会在这样的思考和梳理中慢慢消失，幸福就这样悄悄到来了。

有课可上。从理论上讲，每个老师都会有课可上，所以我这里所说的"有课可上"有两层意思：一是上得了，能够顺利守住自己的课堂，不会因为能力不足被"下课"；二是上得好，能够受到学生的喜欢，并且形成自己的特色风格。弭老师创立的语文自主体悟式活动课堂，被历届学生评为"最受学生喜欢的课堂"，就是"上得好"的典范。教师一辈子都在与课堂打交道，应该对课堂有着自己的思考、观点和认知，也就是我们所说的课堂理解和主张，往大了一点来说就是"教学主张"。可事实上，绝大多数教师和课堂就像是"熟悉的陌生人"，虽然天天相见、耳鬓厮磨，却产生不了一点儿感情，形成不了半点儿思考，自然也就得不到想要的幸福。要想幸福怎么办？像弄老师一样去和课堂谈一辈子的恋爱。

弄老师说："以恬淡的心态去做老师，做有温度、懂情趣、会思考、有幸福感的老师。"而要想成为这样的老师，就应该从读这本书开始！

王维审

2021 年 8 月 5 日

目　录

第一辑　阅读擦亮心灵

阅读擦亮心灵 ／ 3

教育需要等待，需要个别对待 ／ 4

读书，是教师的如意金箍棒 ／ 6

都是阅读习惯不好惹的祸 ／ 8

当儿童的作业变成游戏之后 ／ 10

谈"死教书，教死书" ／ 12

不要让儿童成为"知识的口袋" ／ 15

那眼神、那话语如碑文刻进心灵 ／ 18

慢慢走，欣赏啊 ／ 21

我们需要这样的精神与情怀 ／ 23

初读雷夫·艾斯奎斯 ／ 28

作为母亲，我们试试吧 ／ 30

在《看见》里看到了…… ／ 31

妙在最后的一笑一语 / 33

第二辑　且行且思，遇见美好

上海之行随感录 / 37

首要的事——我们要先解放我们自己 / 43

课改到底为了谁 / 45

思则变，变则进 / 47

教育应从贴心的细节入手 / 49

从一种讲课姿势看去 / 51

毕业典礼不能缺 / 53

反思于永正先生的话 / 55

学生给我鼓掌了 / 57

《师说》的中心论点究竟是什么 / 59

再谈考试 / 61

不着急，不害怕，不要脸 / 63

功夫在平时 / 65

对语文高效课堂的思考与认识 / 67

什么样的课是好课 / 71

真，乃课之魂 / 72

从师生的课堂表情谈起 / 73

思考与对话 / 75

不可以不理他 / 77

俄罗斯紫皮糖的故事 / 79

我不拒绝上公开课 / 81

那些留在生命记忆里的公开课 / 82

磨难课程，故事育人 / 84

我的"磨难教育课程" / 86

第三辑　语文教学"两大件"：阅读和作文

当孩子缺失了生活 / 95

诗歌教学重在体悟 / 97

认识他人，认识自己 / 99

怎样教孩子写作文 / 101

一道作文题引发的思考 / 104

作文要写出"二真" / 106

读书与作文 / 107

学生写作为什么逻辑思维欠缺 / 109

一种好习惯就是一种能力 / 111

话说"然后" / 113

第四辑　自主体悟，幸福爆棚

结缘角色课堂 / 117

自主体悟式活动课堂 / 119

小试牛刀，满堂彩 / 124

角色课堂，入戏展演 / 128

春天送你一首诗 / 146

删繁就简，长文短教 / 154

课堂上的"星光大道" / 163

花样背诵，异彩纷呈 / 166

最是无解却有解 / 170

变则通，通则灵 / 174

快哉！乐哉！快意语文！ / 176

神秘嘉宾，闪亮登场 / 180

第五辑　那些成长节点上的书信和演讲

如何走好这关键的一步 / 187

写在文理分科之后 / 190

写在岁末 / 192

因为遥远，无法面批你的作业 / 195

致 23 班学生的一封信 / 196

做个内心强大的人 / 197

相持阶段，拼的是熬劲 / 199

人人都需有梦想 / 200

第六辑　教书，我很幸福

做一个真实的人，赢得学生 / 205

想念·祈愿 / 207

叫我如何不感动 / 208

我的幸福在课堂 / 210

做老师，我很幸福 / 212

师者·学者 / 214

你们是我最好的学生 / 216

后记 / 218

第一辑
阅读擦亮心灵

　　读书能让人增长见识，活得有底气、有自信、有尊严；读书能让人心灵自由，活得更谦卑、更超然、更幸福。

阅读擦亮心灵

　　老同学闫学的文章《我们选择阅读时在选择什么》，我因为喜欢，所以读得用心。文中写道："阅读会让一个人的容颜变得美丽。这绝不是故弄玄虚。我们不妨观察一下周围那些爱阅读的教师，就会发现他们不仅精神气质与那些不阅读、很少阅读的教师不一样，连面容也似乎更加耐看。"

　　读着这些文字，我想起了以前同事和我的一段对话：

　　"那天我们几个人一起吃饭，几位男士夸你呢！"

　　"夸我？夸我什么？"

　　"夸你越来越漂亮了！"

　　我哈哈大笑："本人四十不惑，怎么夸也芳心不乱啦！"

　　我带着些自嘲，笑得放肆。

　　"你别不信，我说的都是真的！"

　　四十不惑，被人夸赞漂亮，我每每自嘲地大笑，只当笑话听听罢了。读了老同学的文章，想到同事口中的夸赞，我深知那漂亮当归功于阅读。

　　阅读并不能直接改变人的容颜，眼睛还是先前的眼睛，鼻子还是先前的鼻子，嘴巴还是先前的嘴巴，能改变的是人的心灵。阅读让人愈加悲悯宽容，愈加坚韧顽强，愈加达观淡定，愈加沉静从容，愈加纯净睿智。书籍的香醇气息润泽了人的心灵，滋养了人的肌肤，所以，人的眼睛、鼻子、嘴巴似乎都变得更加美丽。

　　阅读让人看见真的人性，让人活得大、活得宽、活得透、活得淡，让人豁达通透、温婉恬淡、香远益清。

　　阅读擦亮心灵，阅读的魅力何其大哉！

教育需要等待，需要个别对待

——读苏霍姆林斯基
《请记住：没有也不可能有抽象的学生》

一

为什么早在一年级就会出现一些落伍的、考不及格的学生，而到二、三年级有时候还会遇到落伍得无可救药的，因而教师干脆对他放弃不管的学生呢？这是因为在学校生活的最主要的领域——脑力劳动的领域里，对儿童缺乏个别对待的态度的缘故。

读到这里，我的阅读不得不暂时停顿下来，因为我想起了我听到的上小学五年级孩子的一些事情。这些孩子，每天不做家庭作业，每周的周末作业也不做，老师已经不想管他们了。我不知道老师会不会真的不管他们，只是有些担心，有些害怕。倘若这些孩子在小学阶段就真的被边缘化、被放弃、被淘汰，他们的未来会是什么样子？他们坐在小学的教室里，将怎样度过每一堂课？他们才读小学五年级，就已经得到了要被边缘化的暗示，他们待在课堂里的每一分钟还有多少快乐可言？他们是不是被老师贴上了"在课堂上特老实，课下特欢实"或"在课堂上不老实，课下更不老实"这样的标签？他们对老师还会心存爱与敬吗？他们会成为不但不爱学习，就连做人都成问题的孩子吗？他们会顺利读完小学、初中、高中吗？想到这些，我有一种痛惜的感觉。

一个人童年的体验会影响其一生，我们真的应该对这些学生多加关照。多一些温馨的问询，多一些贴心的呵护，多一点耐心，多一点等待，让他们幼小的心灵体会到：不管谁瞧不起他们，老师都会看重他们；不管他们反应多慢，老师都会真心等待他们；不管什么时候老师都不会放弃他们。这是一种积极的暗示，尽管他们学习成绩可能不好，但他们的心灵会健康地成长。

二

　　教学和教育的技巧和艺术就在于，要使每一个儿童的力量和可能性发挥出来，使他享受到脑力劳动中的成功的乐趣。这就是说，在学习中，无论就脑力劳动的内容（作业的性质），还是就所需的时间来说，都应当采取个别对待的态度。

　　要做到对学生"采取个别对待的态度"，就要求老师有一颗无比仁爱的心。心中有爱，才不会强迫，才会个别对待；心中有爱，才会尊重每一个孩子的客观实际；心中有爱，才不会统一要求、简单对待。

　　爱是尊重，尊重差异。用一个标准去要求所有学生，于老师是一种强权，于学生是一种强迫。统一内容、统一要求、统一方法、统一进度，这对老师而言省时省力、操作简单，但这样做，老师为自己考虑得多，为学生考虑得少。这种做法是老师的自私与强权，这些都与爱无缘。学生是有差异的，教育有差异的学生，必当用个别对待的态度。如果老师都能做到这一点，我们一定会看到下面的情景：

　　在这种做法下，所有的学生都在前进——有的人快一点，另一些人慢一些。儿童完成作业而得到评分时，从评分中看见了自己的劳动和努力，学习给他带来了精神上的满足和有所发现的欢乐。在这种情况下，教师和学生的相互关心与相互信任相结合。学生就不会把教师单纯地看成严厉的监督者，也不会把评分当成一种棍棒。他可以坦率地对教师说：某某地方我没有做好，某某地方我不会做。他的良心是纯洁的，他不可能去抄袭别人的作业或者考试时搞夹带。他想树立起自己的尊严。

读书，是教师的如意金箍棒

——读苏霍姆林斯基
《教师的时间从哪里来？一昼夜只有24小时》

　　这句话是我从克拉斯诺达尔斯克市的一位女教师的来信中摘抄下来的。是的，没有时间啊！——这是教师劳动中的一把利剑，它不仅伤害学校的工作，而且损及教师的家庭生活。教师跟所有的人一样，他也要做家务，也要教育自己的孩子，因此就需要时间。我有一些十分确切的资料可以证明，许多中学毕业生害怕报考师范院校，因为他们感到干这一行职业的人没有空闲时间，虽然每年有相当长的假期。

　　读了以上文字，我感慨良多。时间已行进到21世纪的今天，我们的教育状况似乎没有什么大变，人们的感慨还是同苏霍姆林斯基时代的一样。大多教师感觉终日都在忙，没有多少可以自由支配的时间，身心被捆缚，很少能体会到自由、幸福的感觉。那么，一昼夜只有24小时，教师的时间从哪里来？苏霍姆林斯基给出了答案。

　　这就是读书，每天不间断地读书，跟书籍结下终生的友谊。潺潺小溪，每日不断，注入思想的大河。读书不是为了应付明天的课，而是出自内心的需要和对知识的渴求。如果你想有更多的空闲时间，不至于把备课变成单调乏味的死抠教科书，那你就要读学术著作。应当在你所教的那门科学领域里，使学校教科书里包含的那点科学基础知识，对你来说只不过是入门的常识。在你的科学知识的大海里，你所教给学生的教科书里的那点基础知识，应当只是沧海之一粟。

一些优秀教师的教育技巧的提高，正是由于他们持之以恒地读书，不断地补充他们的知识的大海。如果一个教师在他刚参加教育工作的头几年里所具备的知识，与他要教给儿童的最低限度知识的比例为 10:1，那么到他有了 15 年至 20 年教龄的时候，这个比例就变为 20:1，30:1，50:1。这一切都归功于读书。时间每过去一年，学校教科书这一滴水，在教师的知识海洋里就变得越来越小。

苏霍姆林斯基告诉我们，要想拥有更多的属于自己的空闲时间，就要多读属于我们自己所教的学科领域里的学术著作。为什么多读书就会为自己赢得空闲时间呢？因为作为教师，我们每天会花很多时间来备课，倘若我们能多读书，不仅能巩固我们的学科知识，更重要的是能更新我们的观念，丰富我们的思想，开阔我们的眼界，增长我们的见识，改善我们的思维方式，提升我们的认识水平。每读一本书，就是在为自己修一座知识的水库。不间断地读书，就是一个不断蓄水的过程。当我们的蓄水量日渐增多，备起课来自会举重若轻，就会用最少的时间备出最高质量的课。这样，就可以用节约出的时间去读更多的书，让读书成为一种内在需求，从而给人带来幸福感。就像美国的泰勒·本－沙哈尔在他的《幸福的方法》中讲的：一个增强我们幸福感的方法，就是增加想要做的事并减少不得不做的事。

读书会增长我们的见识，让我们活得有底气、有自信；读书会让我们享受到精神和心灵的自由，让我们活得更有尊严、更谦卑、更超然。这样，我们的心灵就减少了被捆缚的感觉，我们就能享受到更多心灵的自由和幸福。当读书成为"我要读"时，读书就一定是快乐的。快乐的读书一定能带给我们丰厚的回报：备课省时高效，上课游刃有余。这样教学，我们就会累并快乐着。

读书，是苏霍姆林斯基送给我们的如意金箍棒。悟空有了金箍棒，变得神通广大，可以降妖捉魔；教师有了金箍棒，教育生活则会更自由、更幸福！

都是阅读习惯不好惹的祸

——读苏霍姆林斯基
《教师的时间和教学各阶段的相互依存性》

小学面临着许多重要任务，而其中占据首位的任务就是：要教会儿童学习。

……

中年级和高年级学生在学业上落伍，这主要是他们不会学习、不会掌握知识的结果。……你应当首先教会儿童熟练地读和写。学生如果没有学会迅速地、有理解地、有表情地阅读和感知所读的东西，没有学会流利而正确无误地书写，那么，到了中年级和高年级，就谈不上顺利地学习，也就是说，教师就不得不没完没了地给学业落后的学生做"拔高"的工作。在小学里，你要教会所有的儿童这样阅读：在阅读的同时能够思考，在思考的同时能够阅读。必须使阅读能达到这样一种自动化的程度，即用视觉和意识来感知所读材料的能力要大大地超过"出声地读"的能力。前一种能力超过后一种能力的程度越大，学生在阅读时进行思考的能力就越精细，——而这一点正是顺利地学习和整个智力发展的极其重要的条件。

读了这些文字，我深有感触，想起了读完小学、初中升入高中的高一新生的阅读情形。每每让他们阅读时，会有很大一部分学生双手交叉在胸前，非常慵懒地盯着书本上的字，所谓的阅读就成了用眼睛看字。看那样子，完全谈不上"在阅读的同时能够思考，在思考的同时能够阅读"。所以，学生自己也纳闷：我读过很多文章，可没感觉到自己的理解能力、思考能力有多大提高。问题的根源是阅读的同时没有思考。没有思考的阅读只能是眼睛受累，提高不了阅读能力和学习能力。

还有一部分学生，每当背诵课文时，不是声情并茂地诵读，而是像老和尚念经式地反复念叨。比如背白居易的《琵琶行》，有的学生这样背："浔阳江头夜送客，浔阳江头夜送客，……，枫叶荻花秋瑟瑟，枫叶荻花秋瑟瑟，……。主人下马客在船，主人下马客在船，……，举酒欲饮无管弦，举酒欲饮无管弦，……"不思考文字所传达的意思，不思考词语、句子、段落间的逻辑关系，不思考文字背后所蕴含的思想情感，只是反复念叨。如此背诵，背起来困难，背会后易忘，苦累无趣。

这类坏习惯大概是学生从小就养成了的。这种习惯导致他们语文学习的基本功——背诵能力差。这无形中就增加了他们的学习负担。比如，背诵一篇课文，阅读习惯好的孩子，阅读的同时能够思考，背诵精准，用时较少；阅读习惯不好的孩子死记硬背，耗时费劲，错误百出。完成同样的背诵任务，阅读习惯不好的孩子就需花费格外多的时间。因为在这里花费了时间，就没有更多的时间应对其他学科的作业，学习上常感到顾此失彼。殊不知，这都是阅读习惯不好惹的祸。所以，苏霍姆林斯基说：

　　我坚定不移地相信，学生到了中年级和高年级能不能顺利地学习，首先就取决于他会不会有理解地阅读：在阅读的同时能够思考，在思考的同时能够阅读。……30 年的经验使我深信，学生的智力发展取决于良好的阅读能力。

当儿童的作业变成游戏之后
——读苏霍姆林斯基
《把基础知识保持在学生的记忆里》

苏霍姆林斯基在《把基础知识保持在学生的记忆里》中写道：

作业就带有游戏的性质，这种游戏里鲜明地表现出自我教育、自我检查的成分。我对孩子们说："在回家的路上，你们回想一下，今天我们抄了哪3个词，它们是怎样写法的。你们在记忆里回想一下这些词的模样儿。明天早晨一醒来，马上就来回想这些词的写法，靠记忆把它们默写在练习本里。"（这里说的是一般的练习本，它好比是词汇本的副本。）如果这种游戏从一年级就开始，如果教师相信这件事情一定成功，如果他一生中从来没有对学生所做的任何事情感到过厌烦，那么就不会有任何一个儿童不对这项游戏着迷的。
……

我再一次强调指出：游戏成分在教学过程中具有很重要的意义。我有600个"童话用的"词，也就是那些在儿童的童话里经常重复出现的词。在小学的四年时间里，我和孩子们画出几十幅童话式的图画，让他们给这些画题词，这600个词就包含在这些题词里。这是巩固最低限度词汇量的很成功的一种形式。

我们知道，游戏是儿童生活的重要内容，是儿童主要的社会生活方式，是儿童健康成长不可缺少的"伙伴"。也许很多人会认为，游戏只应是孩子的业余生活，如果在课堂教学中老师让孩子游戏，就会破坏课堂的严肃性，作业一旦设计成了游戏就不能称其为作业。还有些人会认为，游戏就是玩，玩是不需要用心的事情，学习却需要特别用心，这样就把玩与学习搞成了完全对立的事情。

基于这种认识，好多人自然认为孩子课下可以玩，课上绝对不能玩，做作业也不能玩。殊不知，孩子可以在玩中学，边玩边学。玩是孩子最感兴趣的事情，也是他们最能用心投入的事情。老师抓住孩子的这一心理特点开展教学，一定会取得意想不到的效果。

依据儿童的心理特点去设计教学，这才是教育的智慧。所以，苏霍姆林斯基写道："我再一次强调指出：游戏成分在教学过程中具有很重要的意义。"作为教育者，我们首先要从思想上认识到位。有了正确的认识作为先导，我们才能精心、用心地设计课堂与作业。

倘若享受游戏乐趣的孩子能轻松愉快地学到知识，那学习就会真正成为一件快乐的事情，如此，还会有那么多孩子产生厌学情绪吗？还会有那么多孩子读小学时就产生厌学情绪吗？

谈"死教书，教死书"

——读苏霍姆林斯基
《"两套教学大纲"，发展学生思维》

读完这篇文章，我的第一感觉就是：与苏霍姆林斯基相比，我们多是在"死教书，教死书"！

苏霍姆林斯基在文中写道：

必须识记的材料越复杂，必须保持在记忆里的概括、结论、规则越多，学习过程的"智力背景"就应当越广阔。换句话说，学生要能牢固地识记公式、规则、结论及其他概括，他就必须阅读和思考过许多并不需要识记的材料。阅读应当跟学习紧密地联系起来。如果通过阅读能深入思考各种事实、现象和事物，它们又是应当保持在记忆里的那些概括的基础，那么这种阅读就有助于识记。这种阅读就可以称之为给学习和识记创造必要的智力背景的阅读。学生从对材料本身的兴趣出发、从求知、思考和理解的愿望出发而阅读的东西越多，他再去识记那些必须记熟和保持在记忆里的材料就越容易。

考虑到这一条非常重要的规律性，我在自己的实际工作中始终把握住两套教学大纲：第一套大纲是指学生必须熟记和保持在记忆里的材料；第二套大纲是指课外阅读和其他的资料来源。

……

　　我想建议所有的教师们：尽力为你们的学生识记、记熟和在记忆里保持教学大纲规定的教材而创造一个智力背景吧。只有当学生进行思考的时候，他才能掌握教材。请你们考虑一下，怎样才能把现在学习和即将学习的东西，变成学生乐于思考、分析和观察的对象吧。

在教授一些复杂的知识概念时，考虑到学生学习接受的困难，苏霍姆林斯基就把课外阅读与学习紧密联系起来。

　　我总是尽量设法让课外阅读跟新学的每一个新概括相配合。在某一时期所学的概念越复杂，我推荐给学生阅读的书籍就应当越有趣，越有吸引力。
　　……
　　当学生第一次学习如生命、生物、遗传、新陈代谢、有机体等科学概念时，我先从科学和科普性杂志、书籍和小册子里给他们专门挑选一些（课外）阅读材料。……读了这些材料，激发起学生对一系列科学上的复杂问题以及对新的书籍的极大兴趣。青年学生们通过学习生物学，引起了对周围自然现象（特别是各种各样的代谢现象）的兴趣。
　　……
　　他们对周围世界中不懂的东西越多，他们求知的愿望就表现得越鲜明，他们对知识的感受性就越敏锐。孩子们对我所讲的一切东西，简直是"一听就明白"。

苏霍姆林斯基是这样做的！这足可以体现出他高远的见识、宽广的视野、广博的学识。基于此，在知识的学习上，他才能给学生巧搭云梯，给学生掌握知识提供通衢，让学生体验到阅读的快乐和成就感，体验到厚积薄发以及自主探究知识的快乐与成就。当学生有了宽博的阅读视野、合理的知识建构和强烈的探究欲望时，老师再教授书本上的那点知识、那些概念，学生就会很容易接受。

反思我们的教学，老师自身可能就缺乏宽博的阅读视野、合理的知识建构，又如何能给学生提供丰富的智力背景阅读材料？不去死教书又能如何？老师只能去驱遣学生，逼迫学生——老师讲，学生就得听；老师讲过了，学生就得明白。学生不听那就是他们不对，学生听不明白那就是他们笨。这样，学生的学习永远处在被驱遣、被逼迫的状态，又怎么能实现真正意义上的自主、合作、探究呢？又怎么能让学生学会学习、爱上学习呢？

因为自身见识的不够、阅读视野的窄仄甚或阅读田园的贫瘠，老师只能"死教书，教死书"，把学生教成一个个没有生气的知识容器，把他们逼进知识的墙角，长此以往，他们的视野自然会变得窄仄，心胸自然会变得狭隘，思维自然会变得僵化。老师不能给学生提供丰富的智力背景阅读，就是没给学生打好未来自主学习的底子，没有底子，当然就没有发展的后劲。

为了学生，老师都应该向大师学习，努力提升自身的素质，在读书学习上永远不能"知足常乐"！老师必须扩大自身的智力背景阅读，这样才能做出具有科学性、艺术性的教学设计，摆脱"死教书，教死书"的困境！

不要让儿童成为"知识的口袋"

——读苏霍姆林斯基
《知识——既是目的，又是手段》

苏霍姆林斯基在《知识——既是目的，又是手段》中写道：

> 我千真万确地深信：儿童在学习中遇到困难的原因之一，就是知识在他们那里常常变成了不能活动的"货物"，积累知识好像就是为了"储备"，而不能"进入周转"，知识没有加以运用（首先是用来获取新的知识）。……这在实践中会造成什么结果呢？其结果就是：知识好像脱离了学生的精神生活，脱离了他的智力兴趣。掌握知识对学生来说变成了一件讨厌的、令人苦恼的事，最好能够尽快地摆脱它。
>
> ……
>
> 知识——这就意味着能够运用。只有当知识成为精神生活的因素，占据人的思想，激发人的兴趣时，才能称之为知识。知识的积极性、生命力，——这是它们得以不断发展、深化的决定性条件。而只是不断发展、深化的知识，才是活的知识。只有在知识不断发展的条件下，才能实现这样的规律性：学生掌握的知识越多，他的学习就越容易。

反思我们的教学，尤其是小学低年级的语文教学及小学英语教学，死记硬背式的识记占据了孩子的大量时间，尤其是课余时间。每个学期进入复习阶段时，一遍一遍地抄写语文生词表、英语单词表，就成了孩子们主要的家庭作业。

这种书写既脱离语言环境，又脱离生活情境，枯燥、单调，只是机械的重复，不仅记忆效果不好，还容易造成恶性循环：如此反复书写，孩子们居然还记不住，于是老师会变本加厉地加大孩子们的书写量。

由此，孩子们掌握知识的过程变成了成为"知识口袋"的过程。大量词语的记忆缺少必要的情境，孩子们记住之后，教师也不给他们提供、创造充分运用这些词语的机会，因为"记住"就是目的。如果问记住的目的究竟是什么，那就是考试时能够答出、写上。坦率地说，目前的考试，不是孩子心灵的快乐之旅，因为从知识的学习到知识的运用，只是在让儿童的大脑"服劳役"。

抄写，抄写，抄写……我不敢去想，活泼好动、充满好奇和灵性的孩子们会坚持多久？又会有多少孩子能坚持下来？坚持下来的孩子是不是就被视为好孩子，而坚持不下来的孩子就理所当然地被视为不听话的孩子？

掌握知识——记住，成了唯一的目的。掌握知识的目的似乎就只是为了考试时能够再现知识，能够取得老师、学生、家长都满意的分数。

孩子体会不到掌握知识的过程能带给自己多少心灵上的快乐，也体会不到掌握了这些知识，除了为考试而用，还有什么其他用处。长此以往，孩子学习的兴趣就会"离家出走"。没有了兴趣，又有多少孩子能受理性约束而自觉主动地去学习呢？

学习的兴趣走了，学习的动力没了，孩子们凭什么去学习？老师的训导？家长的逼迫？这会不会造成"听话的孩子"变成了"温顺的羔羊"，"不听话的孩子"变成了逆反对抗的"熊孩子"？

让我们虚心倾听苏霍姆林斯基给出的建议吧：

　　请你努力做到，使学生的知识不要成为最终目的，而要成为手段；不要让知识变成不动的、死的"行装"，而要使它们在学生的脑力劳动中、在集体的精神生活中、在学生的相互关系中、在精神财富交流的生动的、不断的过程中活起来，没有这种交流，就不可能设想有完满的智力的、道德的、情绪的、审美的发展。

请记住：不要让孩子们成为可怜的、可悲的"知识口袋"！

那眼神、那话语如碑文刻进心灵
——读阿尔弗雷德·阿德勒《儿童的人格教育》

读完奥地利精神病学家、个体心理学创始人阿尔弗雷德·阿德勒《儿童的人格教育》一书，从作者对一个个问题儿童的案例分析中，我明白了：问题儿童种种不良行为的表象后面都有深层的心理动因。

作为教育者，当我们真正了解了问题儿童行为背后的心理动因，就有了深切的反思：问题儿童不能只"享受"老师的批评、嘲讽、怒斥、责罚，老师不能轻易对他们流露失望和绝望的情绪。也许这些儿童的问题之根在他们的原生家庭，但他们一旦走进学校，来到老师面前，就需要老师的理解、关注、尊重和保护，他们特别需要我们温柔以待。

阿德勒让我明白：教育者，要用伟大的善良和悲悯去静悄悄地探知问题表象后的深层动因，而不是兴师动众、大吵大嚷、简单粗暴地挖苦、讽刺、训诫儿童。用同理心去理解他们，用悲悯心去关怀他们，懂得他们缺什么、需要什么，从而智慧地给予他们所需要的。

书中有一句话深深地刺痛了我："这些童年经历就像是铭刻在他灵魂上的碑文一样无法磨灭。"这让我想起了自己的一段童年往事。

那是我小学三年级时的一节珠算课。大大的七珠算盘挂在黑板上，珠算老师向全班同学问道："上节课教的珠算都学会了吗？学会的请举手。"我分明感到了我周围有一片林立的举起的右手。于是，我也怯生生地举起了右手。紧接着，我就听到老师点了我的名字。我走上讲台，踮起脚尖，去拨那大大的七珠算盘。我拨不出来，僵在了讲台上。于是，我被老师用那样的眼神看着，看着……

"不会装会，还想逃过老师的眼睛?!"老师的眼神里尽是老辣与不屑，老师的话语里尽是挖苦与奚落。

今天，我在50岁的年纪，回忆那段童年的经历，依然能想起老师当年看我的眼神和那讥讽的话语。那眼神、那话语如碑文一样刻进了我的心灵，至今回忆起来还心有余悸。

不知道当时我是不是恨自己的老师，大概是恨的，因为在我还年轻时的某一天遇见老师时，我躲开了。

后来，我就在心里想：我将来要是当了老师，绝不用那样的眼神看自己的学生。

现在我做老师已近30年，在我的课堂上是不是也有不会装会的孩子怯生生地举起过右手？我想应该是有的。我也像那位老师一样有一双火眼金睛，相信每一个不会装会的孩子也逃不过我的眼睛。可当我读懂了那是一双怯生生举起的手，我就一定不会专挑他来回答这个问题，因为我读懂了他怯生生的表情里写着"撒谎不对"。我绝不会当众揭穿他，绝不会让他当众受窘、出丑，因为这样做不仅让他对学这门课变得愈发自卑，还有可能让他在做人方面被同学瞧不起，进而让他变得自己瞧不起自己。我要静悄悄地保护他的这份自尊，尽管这份自尊里有虚荣的成分。这是我们师生间心照不宣的"秘密"。我还会在课下寻找合适的机会，以智慧的方式去帮助他解决那个不会的问题。这样做的结果，一定是他从此更加努力学习，回馈老师给予他的理解和帮助。老师善意地保护学生的自卑感，才能让学生努力地实现自我超越。

阿德勒在书中说："永远不要去相信，我们羞辱或奚落一个孩子就可以影响他真的改善自身的行为……"我想说，有时不仅不能改善，还会让情形变得更加糟糕。自打我童年时珠算课上受窘之后，我就越来越怕上珠算课，珠算成了我学习道路上无法逾越的障碍。

阿德勒在书中又说："眼睛这个器官不仅可以采集并传送光线，而且还能用于社会接触。一个人看向别人的方式表露了他倾向于和别人交往的程度。因此，所有的心理学家和作家都会很在意一个人的眼神。我们所有人都可以通过别人打量我们的方式来判断他对我们的看法，同时，我们也试图在他的一瞥中观察他的心中一隅。即使有时候判断有误或曲解其意，但是还是比较容易从他的眼神中得出他是否友善的结论。"

现在，我不恨那位老师，因为童年时自己珠算课上的受窘经历，让我常常能去做一个善解人意的老师，能去做一个以温和的、智慧的方式教学生做学问、做人的老师。感谢那位老师，感谢阿德勒，他们让我懂得：做优秀的教育者，要愈加善良、悲悯和智慧。

慢慢走，欣赏啊
——读闫学《上一节高阶阅读课》

闫学老师在《上一节高阶阅读课》中写道：

　　钱理群先生曾举过一个例子：他所接触的大学中文系的学生，拿到小说后问的第一句话往往是："老师，这篇小说的'主题'（即'中心思想'）是什么？"钱先生说，捧起一篇小说，不是用自己的心去触摸它，去感受它，而是习惯性地执意去"概括"，往往还是套用某种现成的公式去"概括"所谓的"主题"，那么这种人已经与文学无缘了。显然，那种"已经与文学无缘"的"阅读能力"，是我们中小学阅读教学一直在培养的。

　　我不愿培养这种与文学无缘的"阅读能力"。因此，我所设计的教学步骤力求在行云流水般的谈话中，在师生充分感悟文本内蕴的过程中，在情趣盎然的师生共同参与中，自然地、没有斧凿痕迹、没有贴标签痕迹地帮助学生感受文字的表达与情思之美。

对这两段话，我有以下感悟：

第一，孩子们缺少经历，缺少体验，眼里、心里没有一个丰富的世界，又如何去体味书里的世界？大多数语文老师似乎不去管这些，大概是管不了，只管每天去给孩子们上课，花不少时间给他们这么概括、那么分析。孩子们小学、初中、高中的语文课一路上下来，也一路概括、分析下来。直到高中毕业，孩子们的内心世界丰盈了多少，思维品质进步了多少，思维能力提升了多少，有多少语文老师思考这些事呢?!

第二，我们的语文课真正引领学生用心读的时间太少，课堂环节太多，讲方法、技巧太多，概括、分析太多。我曾经给学生上过《林黛玉进贾府》一课，没设计多少课堂环节，没用什么阅读方法、技巧，就是和学生一起读，读到有意思的地方，停下来品品、赏赏、说说，师生都感觉津津有味，甚至在几处不惹眼的地方，居然赏出了新滋味。后来，我把这种稚拙朴素的读书方法叫"游园式阅读"。它就像师生一起去游园，看到一处好风景就停下来玩赏。看一看，嗅一嗅，摸一摸；可独赏，可共赏，可分享；看完一处，走向下一处。

其实，阅读的真经、真境是走向稚拙与朴素。慢慢走，欣赏啊！

我们需要这样的精神与情怀

——读闫学《我负语文》

　　闫学老师的《我负语文》中有一组文章是关于《冬阳·童年·骆驼队》（小学六年级）一课的教学的，王晓春老师和闫学老师围绕"人文精神与语文知识"的话题展开了四个回合的辩论。

　　读完这些辩论，我由衷地感佩！这四个回合的辩论，体现的是一种真正的学术情怀！这不是无谓的口舌之争，他们探究的是学术学问，发表的是真知灼见。他们有着严肃认真的态度、执着较真的精神。对于做学问而言，我们正需要这样的精神与情怀。

一

　　第一回合辩论，王晓春老师取题为《语文教师的标志性工作是什么?》，闫学老师取题为《"人文熏陶"是这个文本的内在要求》。

　　王老师在文中谈道：

　　　　语文教师的本职工作是以课文为一种教育资源，帮助学生掌握必要的语文知识，同时进行人文熏陶。

　　　　而语文教师之所以为语文教师，他的标志性的工作是语文知识教育。

基于这样的认识，王老师对本课做了自己的教学构想，上成一堂"写作目的与写作方法辅导课"。

王老师的上法，偏重了语文的工具性，重实用；闫老师的上法偏重了人文性，重体悟。对同一篇课文，他们给出了不同的教学定位。

语文课程要体现工具性与人文性的统一，这毋庸置疑。但是不是每篇课文的教学都必须是二者的结合体？是不是每一堂课都必须是二者的结合体？是不是可以根据文本的不同做出有所偏重的选择，从而实现语文课程总体上的二者统一？

究竟应该怎样选择，才会使我们的语文教学更具科学性和艺术性？我一直困惑着。

不过，我个人还是不太同意王晓春老师的这一认识："语文教师之所以为语文教师，他的标志性的工作是语文知识教育。"如果基于这样的认识去设计语文课堂教学，就会带有浓重的功利性，匠气偏多，灵气不足。在语文教学中，教师应注重引导，留住孩子们的灵气，并发掘出来，让灵气的潺潺小溪变成浩瀚的大海。

不过，倘若一个文本适合从知识的角度定位，我还是会坚定地支持这样的选择的。

二

第二回合辩论，王晓春老师取题为《多点"低调人文"少点"高调人文"》，闫学老师取题为《谈"人文"而色变不可取》。

我的问题是：教知识与人文熏陶是否完全对立？

重人文熏陶是否等同于好煽情、会煽情？

重人文熏陶，目的是教孩子求真向善。"煽"就与真无缘，在课堂上教师一定不是用真情去激励、唤醒孩子，而是使出虚浮、夸张、矫情的手段去表演，这就失去了自然与本真，当然算不得好课。如果说不这样上就不能体现人文，那只能说这位老师人文底蕴不足，课堂功底不够。

语文课长期以来存在着教与考两张皮的脱节现象，这在决定孩子命运的中考、高考中表现尤为明显。也就是说，教是一回事，考又是一回事。如何真正实现教与考的统一、读与写的统一？这是我们语文老师应该认真思考的问题。

三

第三回合辩论，王晓春老师取题为《不要动辄让学生"感动"》，闫学老师取题为《面对童年，学生为什么不能感慨》。

王老师在文末写道：

> 我们的语文教师往往只会教学生亦步亦趋地理解作者（或教参），和作者保持一致，和作者共命运，恕我直言，就像电视机前的观众那样，跟着人家的故事哭笑叹息，浮想联翩……这样下去，永远也不会有研究性学习。这不是因为我们的学生笨，而是因为我们老师一开始就把他们引上了"感动者"的角色定位，或者多愁善感的"文人"定位。
>
> 感动谁不会？联想谁不会？不就是在戏台底下掉眼泪，油然想起了自己的身世吗？

读完这些文字，我在想，什么样的语文课才能真正走进孩子的心灵？当我们的学生都成了情感的"木乃伊"，我们的语文课堂会是什么样子？孩子的语文学习会是什么样子？没有体验，没有感悟，又如何有表达的欲求？没有情感的体悟，又如何真切地体会到文字的妙处？

范曾在《回归古典之美》一书中讲道：

> 东方是重经验、重感悟、重归纳（经验主义、感悟主义、归纳主义），最后能够达到一个天人合一的境界。而西方是重逻辑、重

演绎、重天人二分。

……

中国人有种天生的感悟力，这种感悟力使中国人对逻辑学不太重视，而西方人不是这样，西方人从实验室里开始。

由此，我认为，教师利用语文教材这一媒介、语文课堂这一阵地来培养孩子的感悟力，使孩子成为感情丰富的人，这没有什么不好。

四

第四回合辩论，王晓春老师取题为《语文的力量没有那么大》，闫学老师取题为《重知识还是重人文，因文本而异》。

王老师在文中讲：

语文与文化与精神并不是全等关系。语文教师的任务，从学科角度说，第一位的还是语文能力的培养，而不是人文精神的张扬。

在这里，王老师把教知识换成了能力培养。我的问题是：老师帮助、引领学生体味一种情思算不算能力培养？

就闫学老师的文章，我做了以下摘录：

语文是母语教学，不是外语教学，"能力"与"精神"，"知识"与"情感"，抑或"工具"与"人文"，就整个语文课程而言，我以为二者并重，不存在谁先谁后，孰轻孰重。但放在具体的文本教学中，就要根据文本本身的实际情况区别对待。在这里，我想强调语文是"母语"。学生就生活在这个语言环境中，完全为了"教知识"或首先为了"教知识"而教语文没必要。……王老师认为"语文教师的任务，从学科角度说，第一位的还是语文能力的培养，而不是人文精神的张扬",我认为是没有把握语文是母语教学的特点,把母语教学混同于一般的外语教学所致。

只关注"语言"的外在形式或表达方法,并不代表就同时领悟到了它所承载的"情思"内涵。反之,只顾领悟"情思",不重"语言"本身,也同样不能达到我们教孩子学语文的目的。

我赞同闫学老师的这些认识。

初读雷夫·艾斯奎斯

一、热爱是最诚实的理由

雷夫·艾斯奎斯，美国优秀教师。他 20 多年坚守在第 56 号教室，成名之前坚守，成名之后依然坚守。不少人对他的坚守不理解，追问根由。

我想说，雷夫执着而又幸福的坚守，没有什么神圣而伟大的理由，我们没有必要把他神圣化。他伟大的坚守，来源于他平凡而又朴素的爱。对教师这一职业的爱，对孩子的爱。热爱是最诚实的理由。

热爱本身就是一件让人快乐幸福的事。当然，这不是说雷夫在第 56 号教室里就没有苦恼。正如他所言：自己也经常遭遇失败，"有时在凌晨醒来，会为一个我无力教育的孩子而感到极度痛苦"。痛苦还是因了深沉真挚的爱，无所爱也就无所痛。

从事教师这个职业是需要技能的，但单有技能是做不成一个好老师的。爱应该比技能更重要。当爱由职业所需的"你必须爱"到"我愿意爱"的时候；当爱不是为了取悦孩子，不是为了取悦上司，不是为了取悦家长的时候，一个老师离一个好老师的标准就不远了。当学生努力学习不是为了取悦老师，不是为了取悦家长的时候；当学生为自己未来的幸福生活努力学习的时候，一个学生离一个好学生的标准就不远了。

在第 56 号教室里，生活着这样的老师和这样的孩子。这应该是雷夫坚守的最朴素的理由。

二、"有特色"是孩子喜欢老师的理由

雷夫是个真诚的人，待人真诚，有真性情。雷夫是个有个性的老师，爱好广泛，神通广大。他爱好阅读，喜读莎士比亚的戏剧；他爱好运动和旅游；他精通多种乐器。他和学生一起读莎士比亚的戏剧，孩子们快乐地、颇富创造性地排演莎士比亚的戏剧，这是第 56 号教室的特色课堂，雷夫和他的学生打造了第 56 号教室的特色品牌。

做老师要有爱好。如果一个老师能运用智慧把自己的爱好开发成独具特色的课程，那么他就会成为一个受孩子欢迎的有特色的老师。因为老师的这个爱好带给他自己快乐，他把他的快乐又无偿地传递给了他的学生。一个能把快乐带给学生的老师，怎么会不受学生的喜欢呢?!

作为母亲，我们试试吧

——读龙应台、安德烈《亲爱的安德烈》

读了龙应台与儿子安德烈合著的《亲爱的安德烈》，感受来自四面八方，左冲右突，在心里拥挤不堪，一时无法理清。

《亲爱的安德烈》是龙应台与安德烈的书信集，记录了一个走向中年的母亲与成长中的儿子的对话。成长中的儿子正在经历着心灵的挣扎、矛盾与冲突。此时，母亲龙应台选择以书信的形式与儿子对话交流，这是多么明智的选择啊！

让一个走向中年的母亲与一个青春期的儿子面对面对话，很多时候这是一种奢望；即便能够对话，也多会遭遇尴尬，所以文字交流是最佳选择。因为文字是拉开一段距离的对话，它经过了头脑的过滤和沉淀。热，不至于热浪扑面；冷，不至于瘦硬干冷；呛，不至于堵塞窒息。文字交流可能比面对面交流更显温和，更容易让人沉静，更有利于书写方的倾诉表达，更有利于阅读方的思考想象。因为有了一段时空的疏离，每一方在努力表达自己时，都会关照对方。所以，文字交流应该是对心灵关照的最好方式。

没有人愿意永远封闭自己，为了不让青春期的孩子进家门后立刻闪进自己的房间，留一个孤独无助的母亲听那哐当的关门声，那双方就选择文字交流吧。

用文字交流，就如同打开了两扇封闭的窗。作为母亲，我们试试吧。

在《看见》里看到了……

——读柴静《看见》

学生送我一本柴静的《看见》。我每晚坐在床头上读,读了几篇后还真读进去了。

暑假时,我曾读杨澜的《一问一世界》,看杨澜的采访记录,她采访的多是各国的政要、伟人、名人等。《一问一世界》是一本很好的书,但《看见》是我喜欢的书。在这本书里,柴静采访的多是小人物、边缘人物。正如柴静在序言中所写:

> 这本书中,我没有刻意选择标志性事件,也没有描绘历史的雄心,在大量的新闻报道里,我只选择了留给我强烈生命印象的人,因为工作原因,我恰好与这些人相遇。他们是流淌的,从我心腹深处的石坝上漫溢出来,坚硬的成见和模式被一遍遍冲刷,摇摇欲坠,土崩瓦解。这种摇晃是危险的,但思想的本质就是不安。

柴静的采访对象很多是卑微的小人物,甚至卑微到受人鄙视的程度。他们因为身份地位卑微,喜怒哀乐也同样卑微。他们的怨怒、哀号、不平,任由世人随意评说,无须解释,无须申辩。但柴静却花了很多时间和精力去采访这些卑微的小人物,听他们诉说自己的故事。这叫关注,这叫关心,这叫尊重。

柴静援引王小波的话：

> 你在家里，在单位，在认识的人面前，你被当成一个人看，你被尊重，但在一个没人认识你的地方，你可能会被当成东西对待。我想在任何地方都被当成人，不是东西，这就是尊严。

柴静讲道：

> 人是一样的，对幸福的愿望一样，对自身完整的需要一样，只是她生在这儿，这么活着，我来到那儿，那么活着，都是偶然。……采访是什么？采访是生命间的往来，认识自己越深，认识他人越深，反之亦然。

对自己的采访对象不赞美、不责难，甚至也不惋惜，但求认识而已。这应是对采访对象所采取的最公正的态度以及最大的尊重。

在这本书里，我们看到了尊重、理解、正义、善良。这里有对每一颗灵魂的叩问，包括对自我灵魂的叩问，正是因为有了对自我的叩问，才使柴静能更好地解读他人。在这本书里，我们可以感知人性的复杂与真实，它可以使我们看待任何一个人时变得更客观、更理性、更公正、更包容、更理解、更尊重。有了谦卑、善良、豁达，我们就会少一些虚荣、自私、伪善，就不会以先验论去评判任何一个人，也不会站在道德高地上去嘲弄、鄙薄、批评任何一个人。

妙在最后的一笑一语

——读远山《原始积累》

　　远山的微型小说《原始积累》，妙不在小说的伏笔、故事的出人意料，妙在姑娘那最后的一笑一语。"眼熟，是不是？"姑娘笑了起来，"我现在将它传给你。你要明白，原始积累不仅仅与金钱有关。阅历、行情、调查研究等等，其实也都属于原始积累。"

　　姑娘的最后一笑是哂笑，是挑衅。因为小鲁们是不敢、不愿、不屑像姑娘一样，低下身子去做市场行情调查研究的。所以小说中才有小鲁对气质和谈吐不凡的擦鞋姑娘的"同情与怜爱"。他为这样的姑娘从事擦鞋职业而叫屈。基于这样的观念认识去寻找工作，要么他相不中工作，要么用人单位相不中他，高不成低不就，他们往往就会成为工作上的"剩男剩女"。他们不缺学科知识，不缺面试技巧，不缺"春秋大梦"般的理想：一朝做公司骨干，一朝做部门主管，一朝做公司老总。他们缺的是从底层做起的阅历积累，缺的是踏踏实实的工作作风。他们怀揣着一肚子概念术语，自命不凡；他们是知识的巨人，实践的矮子。他们不知道阅历、行情、调查研究也属于原始积累的范畴。

　　姑娘的最后一语是惊雷，是叫醒。因为就读于管理学院的小鲁，对"原始积累"不单存在概念上的误读，还存在观念认识上的巨大差异。小鲁们如果单是误读了"原始积累"的概念，这事小；问题的关键是，管理学院毕业的大学生没有这一观念认识，这事大。姑娘的最后一语让小鲁们自省：作为在校大学生，在学校里除接收教授传授的一堆堆"原始积累"的概念术语外，还应做哪些原始积累。姑娘的最后一语让教授们反思：除了教给学生知识以外，还应传授给学生哪些安身立命的观念和本领。

姑娘不是经济学教授，但姑娘却以自己的行动教育了小鲁们。不知在姑娘那最后的一笑一语后，小鲁们将做何感想，将有怎样的行动？小说就此打住，留给人们无尽的思考。

且行且思，遇见美好

老师大胆放手之处，便是学生自主创造之地；老师大胆放手之时，便是学生自主创造之时。老师先解放了自己，才能真正解放学生，把他们培养成善动手、会思考、有能力的人。

上海之行随感录

——"上海程红兵语文培训基地"学习归来

　　两周的外出培训，是真正意义上的学习。时间是短暂的，感慨是良多的，引发的思考是无穷的。

——题记

一

　　踏进建平中学，我感受到一所校园的朴实之美。这里没有壮观的校舍，只有极其自然的寻常风景，没有刻意的雕琢，却处处透着灵气；这里随处可见石椅、石凳、竹椅、小桌，小巧优雅，旯旮处有绿荫，静谧处有灵动。

　　在"水泥森林"的大上海，这座不大的校园，在一群睿智文化人的经营下，充盈着太多灵动的气息。走在这里，便离开了浮华与喧嚣；走在这里，就拒绝了肤浅与平庸；走在这里，就走向了心灵的宁谧、充实与自由。这是一个育人的所在，这是一个适合做学问的所在。这里没有好大喜功的喧闹，只有和谐与宁静；这里没有张牙舞爪的狂傲，只有平和与大气。

二

这里灵动，但不轻飘；这里平和，但不缺少竞争。在这里，人能长成生动的自己，因为建平在用文化濡染人。

"让建平每一个学生的名字都充满神圣和庄严。""教育的真谛在于人的社会化与个性化的和谐发展。"

这是建平中学教学楼门厅两边的题语。每一堵墙都在说话，说得不刻板、不生硬，说得挚诚，说得有文化，说得见境界。真理的内核应该是充满挚诚的，它拒绝假话与大话；真理的外表应该是朴素的，它拒绝虚浮与媚俗，它相信"腹有诗书气自华"。用热诚的心做着最实在、最有意义的事情，这是建平中学的领导和老师给我的印象。

建平中学注重"现代学校文化"建设。它的学校文化主要包括学校哲学、学校价值观、学校道德、学校精神、学校标志、学校环境、学校制度、学校行为和学校形象等几个方面。它并非孤立地搞学校文化建设，而是把文化建设渗透到学校教学和管理的各个层面。

在这样的精神家园，师生有着共同的价值观、共同的理想愿景：校长最重要的角色是学校制度的建设者和学校文化的领导者。学校文化就是学校大部分人的共同价值观和行为模式，是学校风范和学校精神。制度是对师生的外在约束，文化是对师生的内在约束。校长是学校文化的领导者，教师是学校文化的传教士，要使教师、学生认同学校文化，以发挥学校文化对师生精神成长、对学校发展的推动作用。

在这样的精神家园，应该高扬并传承人类积极的精神文化，因为学校是人类精神文化的寄居地。求真务实，杜绝一切形式主义；诚实守信，杜绝一切弄虚作假；平和进取，杜绝一切急功近利；开放创造，杜绝一切故步自封。

学校如同具有生命和意识的肌体，其活力不仅有赖于物质的代谢，更仰仗精神文化活动的丰富。一所学校，如果剥离了文化的充盈，剩下的究竟是什么？学生一批批地走，教师老的去新的来，领导一次次更迭，陈旧的建筑也可以拆掉，但作为一所学校，薪火相传的应该是什么？应该是文化与精神。这是一所学校的精神内核，这是师生成长不可或缺的精神养料。缺少了这个，学校便缺少了特质和个性，这里的人便会"精神缺钙"，要么跟风媚俗，没有个性；要么急功近利，缺少大气。文化是精神滋养，在文化的沃土上育人，才能真正提高人的生命质量，才能收获饱满与厚实。

三

走进建平中学的校门，路左侧的橱窗里展示着他们的追求：办学理念、培养目标、课程文化、组织文化、校本培训、理想趋向。每项内容下都写着"程红兵"三个字。

当我立于橱窗下，抄录这些文字，工整地书写"程红兵"三个字时，我肃然起敬。

办学理念

构建一个以人为本，以学校发展为本，以开放、民主、和谐进取为精神内核的现代学校文化。

培养目标

育人目标是一个生成性的、发展性的思想体系，与时俱进，追寻它的当代意义。未来人才国际竞争力核心素质是：自立精神、共生意识、科学态度、人文情怀、领袖气质、组织文化。

理想趋向

第一境界：思想升华。第一待遇：学习进修。第一要务：激发内力。

细读这些文字，我深深领悟了下面这句话的内涵：一个好校长就是一所好学校。怎样才算好校长？有见识，有思想，有胆略，有个性；不以权力治校，而以胆识治校。程红兵校长有文人的正直，学者的见识，领导的魄力！

去过几所学校，没发现多少校长能以自己的名字来书写自己的思想。有的校长可能把自己的思想写在文章里，写在书里，但程红兵校长却把这些写在了一进校门的橱窗里。敢这样写，就说明他有见识、有胸怀，乐意接受所有人的监督。

他是校长，他有权力发号施令。但正如他自己所言："发号施令产生不了重大的变革。"重大的变革靠的不是发号施令，而是远见卓识。

四

看一下建平中学的德育课程一览表，我们就知道这里的德育课是一门实实在在、生动有趣的课程，而不是等同于"政治课"，也不只是各门学科中的德育渗透，它是一门内容充实丰富、注重学生实践体验的课。

建平中学的德育课分为必修课程、选修课程1、选修课程2（校本课程领域），其中必修课程分为综合性实践活动、校班会两部分。综合性实践活动高一（上）学军、国庆系列活动，高一（下）南京行、五四系列活动；高二（上）学农、国庆系列活动，高二（下）社会考察、五四系列活动；高三（上）国庆系列活动，高三（下）社会考察、五四系列活动。

学校组织学生进行"南京行""长江万里行""西部行"，实践了"行万里路，读万卷书"，即便在发生"非典"的那年也没有停止。学生的这种经历是其最宝贵的精神财富，他们不仅增长了见识，灵魂也得以升华。程红兵校长说："西部之行是文化之旅，丝绸之路是学生的成长之路。""孩子需要圈养，圈养出规范；孩子需要放养，放养出个性。"

我们去建平中学时，正好高二学生的"南京行"刚刚结束，我们有幸看到了学生"南京行"的成果展示课。

学生被分成了若干小组，每个小组都自己组织了小记者采访团，自己拟定了采访路线、计划，有的将自己的采访写成了新闻稿件，有的制作成了电视短片。每个小组都以不拘一格的成果展示方式向老师和其他同学做了汇报，由学生组成的评议小组对每个小组的成果做出了合理公正的评判，并颁发了各种类型的奖励。在此过程中，学生的组织能力、交际能力、写作能力、创造能力等都有了极大的提升。

建平中学学生社团多，活动丰富多彩！学校共有 15 个社团：宠物社、推力社、电子科技社、金钥匙科技社、散打社、迷你淘宝社、定向越野社、业余电台社、爱音客论坛社、篮球社、马术社、读书俱乐部社、智能机器人社、韩国文化社、乒乓球社。丰富的社团活动，发展了学生的特长，丰富了学生的精神生活，实践了合格加特长的人才培养方式。

五

来建平中学半个月，几乎每天听课，听课必评课。听老师上课，再听老师自评说课，让人感到建平中学不仅有名校长，更有一批名师，一批精英老师，像郑朝晖老师、廖飞老师、张强老师等。

这些老师不仅是能上好课的老师，更是思想自成体系、道行很深的老师。他们不是只能讲好课的匠人，而是科研型、学者型教师。

不和大师对话不知道自己的浅薄，这是我上海之行的最大感受。与他们相比，我还差得太多。他们认识问题的深刻与透彻，令人折服。他们有的是学识，没有的是狂傲；他们坦诚待人，谦卑做人。他们做人做事的风格，让我深深领悟了下面这句话的内涵：小公司做事，大公司做人。

大师就是大师！

六

注意过他走路的姿势，腋下夹着书，快走；肩上挎一个大包依然快走，那是他做事的效率。注意过他讲话的速度，又急又快，那是他思维的敏捷。注意过他听人讲话的神态，盯着人，咄咄逼人，那是他用见识钓取见识。注意过他说话的口头禅——坦诚地讲，那是他做人的真率。注意过他话语表述的风格——怎么想、怎么说、怎么写，那是他的挚诚、简约、犀利、幽默。

用胆识做事，用性情说话，用坦诚感人，用见识服人，用智慧教人。

大师就是大师，大师从来不自诩为大师。大师更多的时候会活成平民。这是他的学识使然，是他的见识使然。谦和、坦诚是大师最重要的品质！

七

这次学习，程红兵校长要求我们每个人制订自己的研究课题，目的是让我们不仅要成为能讲好几堂课的老师，更应该在教学实践中多反思、多研究，逐渐向科研型教师发展。每个地区还推选代表上了观摩课，我有幸作为山东教师的代表在程红兵校长的班级（高二·13）上了一堂作文课。在大师面前献丑，受难的同时也是一种提升。

八

上海之行已然结束，但愿我们的感受不要随着时间的推移而消失殆尽，也不要在现实面前停止思索。

上海之行，聆听大师的点评，直接与大师对话，见到的是学养与智慧，见不到的是官架，听不到的是官话，嗅不到的是官气，这里生活着一群拥有赤子之心的可爱的人。同时，我也告诫自己：学习回来，应该少一些感情用事，多一些理性思考；少一些埋怨牢骚，多一些现实行动。

首要的事——我们要先解放我们自己

——为地理实践性学习杂志写"跋"

　　我一口气读完了地理实践性学习杂志《探索者》（创刊号）上学生的所有文章，那种震惊，那种叹服，让我不能自已。我们学生的创造原本可以如此精彩，可究竟是谁遮蔽了他们好奇的、探寻的眼睛，究竟是谁捆缚了他们年轻的、富有创造力的手脚？当我这样扪心自问之时，我想告诉自己：首要的事——我们要先解放我们自己。

　　于是，我激动地写下这样的话语："老师大胆放手之处，便是学生自主创造之地；老师大胆放手之时，便是学生自主创造之时。"

　　老师要懂得解放自己，只有解放了自己，才能真正解放学生。解放自己是一种理念上的革命，它体现的是教与学观念上的变革，而不单单是课堂上教与学方式的转变。

　　这种观念上的革命，就是需要老师大胆放手，让学生亲自去实践、去体验。他们可以从课堂上领受任务、接受要求，但他们的探索不应仅仅被锁定在课堂这个狭小的空间。老师应该让他们走进广阔的、生动的、奥妙无穷的自然界，应该让他们走向真实的、丰富的、纷繁复杂的大社会。他们需要开阔的眼界，需要博大的心胸，需要活跃的思维，需要生机勃勃的创造力。课堂只能给他们答案，给他们结论，这样他们不变成考试的机器、学习的呆子，又能成为什么？因为没有真正的实践，就不可能有真正的思考；没有真正的思考，就不可能有真正的创造。

　　放手实践，就是要让学生意识到：要给自己的头脑几分尊重，要学会用自己的大脑思考问题。

　　放手实践是一种智慧。放手实践需要老师有见识。正如教孩子走路，不敢放手的妈妈，是一位有爱心的妈妈，却是一位不知道如何爱的妈妈，所以才有了孩子痛苦的呐喊：有一种爱叫放手。

　　放手实践是一种胸怀。信任学生，悦纳学生，相信学生一定会创造出精彩。

　　放手了，才会有学生的自主合作探究，才会让学生体会到：学习的过程体验胜过那些被直接告知的结论，自己不能做知识的被动接收器。知识会过时，但探寻知识、掌握知识的过程却是一种丰富的体验，在体验中才能结出能力的果实。

　　放手了，大家才是在一起学习的伙伴，老师也是伙伴中的一员，而不是凌驾于学生之上的知识权威。放手，实现的是一种真正意义上的民主与平等。

　　放手不是让老师撒手不管，去做"甩手大仙"。放手是为学生的长远考虑，为学生的能力着想而做出的精心的、智慧的设计。放手更需要老师的精心、用心和匠心。

　　放手是一种理念，放手是一种智慧，放手是一种胸怀。放手需要老师先解放自己，放手需要更科学、更艺术的规划与设计，放手需要更宽博的胸怀、更谦卑的品质。

　　放手让学生实践吧，请相信：老师大胆放手之处，必是学生自主创造之地；老师大胆放手之时，必是学生自主创造之时。只要老师给学生一片创造的天地，学生绝不会让老师失望。

　　高钢在《我所看到的美国小学教育》中说，孩子把老师看过的作业带回来，上面有老师的批语，"我布置本次作业的初衷是让孩子们开阔眼界，活跃思维，而读他们作业的结果，往往是我进入了我希望孩子们进入的境界"。

课改到底为了谁

2014 年 10 月 31 日至 11 月 1 日，第三次高中卓越联盟活动在山东省博兴第二中学举办。

活动结束后，我脑子里老翻腾着这些词：课改、激动、行动、坚持、困惑、反思、牢骚、激情、理性……纷纷扰扰的。

我需要静下心来，扪心自问：课改到底为了谁？为领导？为专家？为学生？为自己？

我想告诉自己：为自己。因为是为自己，课改就不会是做给谁看，就不会是应付完差事一切照旧，就不会是你唱你的、我干我的。少了驱遣，少了被动，就能累并快乐着。

每个人都渴望民主、渴望心灵的自由，都不愿被驱遣、被役使，都渴望有尊严地生活学习。叩问我自己的心灵，就明白学生需要什么样的课堂了。作为老师，我想有尊严地生活，我也要让我的学生有尊严地学习。永远被动，就难有人格上的真正独立，就难有批判性思维。

上课是我一辈子的生活，一辈子都是我一个人在演这台戏，这该多么没有生趣！我不想把日子过成这个样子。天津市教育科学研究院陈雨亭博士说过："不会有人来告诉你，你每天的每一节课到底应该怎么上。"所以我要运用自己的智慧，在自己的领地内静悄悄地革命。于是我自己进行课改，我在课堂上看到了别样的精彩。

给学生足够的信任和尊重，给学生足够的时间和空间，拿出足够的耐心去等待，学生总能带给老师惊喜。基于这样的认识，我实践了语文自主体悟式活动课堂。我用最朴素的语言写下了我的课改理念和对语文学科精神的解读。

课改理念：

给孩子一个问题，让他自己去找答案；给孩子一个困难，让他自己去解决；给孩子一个对手，让他自己去竞争；给孩子一个机遇，让他自己去抓住；给孩子一段时间，让他自己去安排；给孩子一个空间，让他自己去创造。一句话：信任学生，让学生在做中学。

对语文学科精神的解读：

情味美——真善美、能感动。教学内容的确定，教学方式的选择，老师自身个性、志趣、学识、修养使课堂上真善美气韵流动，触动孩子的心灵，孩子的心灵不麻木、能感动、有情味。

智慧美——会思考、有思想。教学内容的确定、教学方式的选择、老师自身闪现出的智慧的灵光，能激活学生的思维，开启他们的智慧，让他们学会用自己的大脑思考问题，课堂上氤氲着民主、平等、独立、尊严的气息。

言辞美——乐表达、会表达。师生的口头语言和书面语言都要彰显语言之美：明确、清晰、准确、丰富、生动、美好。

思则变，变则进

2015 年 4 月 26 日至 4 月 27 日，第五次高中卓越联盟活动在山东省博兴第二中学举行。活动归来，我有以下思考：

一、课改为何一步三回头、扭捏作态

实事求是地讲，我们的课堂教学改革已经走在路上。但课改为何一步三回头、扭捏作态，不能昂首阔步、高歌猛进？课改进行了多年，究竟有多少老师能自觉、自愿地进行课改？课改多是自上而下的行为，老师是"被课改"，所以课改一直处于上有政策、下有对策的应付状态。这就难怪虽然课改进行了多年，但课堂上的风景并没有令人惊艳般地真正变新。大家走在课改的路上，依旧等等瞧瞧、走走停停、亦步亦趋。

当老师内心升腾起"我要和我的学生过不一样的课堂生活"的强烈欲望的时候，课改就变成了"我要改"的自觉状态，课堂上的风景定能焕然一新。只有老师内心思变，课改才会具有内驱力。有了内驱力，老师才会有课改的激情和热忱，课改才会变成一种责任和使命。否则，老师就会满足现状，得过且过。

二、牢骚太盛防肠断，风物长宜放眼量

这是一个盛产牢骚的时代。每个人都感觉自己活得憋屈，活得不容易。每个人都觉得自己没比别人少付出，为什么别人有的，自己却没有。有人觉得缺荣誉，有人觉得缺职称，有人觉得缺伯乐……

我们做高中老师本来就辛苦，难有的一点空闲倘若再用来发牢骚，生活质量将何其糟糕！牢骚并不是释放不良情绪的绝佳方式，牢骚不仅不会使不良情绪减少，还会使其迅速增加。教育工作的确不易，但校长救不了我们，专家也救不了我们，能救我们的只有我们自己。那就静静地读书，悄悄地变革，努力过不一样的教育生活。

这不是做给人看，只是为了把自己的教育生活经营得生动一点、丰富一点。记住这句话吧：牢骚太盛防肠断，风物长宜放眼量。

三、教学"碎片化"反思

反思我们的课堂，教学"碎片化"严重。老师常常把一篇课文大卸八块，课堂提问零散、琐碎，教学环节被切割成2分钟、3分钟、5分钟不等。

碎片化教学，会导致学生对问题的思考不连贯、不深入，无法形成富有逻辑的深度思考，不利于学生的思维发展。

为什么会产生碎片化教学？主要原因是教师对教材、对文本缺乏独立思考和深入解读，没有完全吃透教材，没有找到一个解读文本的主问题。这导致课堂上老师不断向学生倒"沙子"，但老师越倒，学生越对所有问题都一知半解。所以，老师应该独立思考，运用自己的智慧寻觅到一粒"金沙"。

"一粒沙里有一个世界。"这令我想到拆毛衣，只要找到那个线头，定会一扯到底。我们要做一个智慧型的老师，努力去找到那粒"金沙"，觅到那个"线头"。

教育应从贴心的细节入手

——从一则校园"天气预报"谈起

一个周日的晚上，我从高一级部的门厅走过，看到了一则级部校长亲手写下的天气预报。

今夜到明天，晴，西南风3到4级，明天白天转北风2到3级，零下1到5度，冬阳难挡严寒，出门注意保暖。

——高一级部

看了这则天气预报，我内心有了一种贴心的温暖。当教育从贴心的细节入手时，这才回归到了教育的本真。当教育只是一些写在纸上的规章制度，只是校长和老师口中的不准这样、不准那样，否则后果自负时，那是只教不育。只教不育里面多的是盛气凌人的说教与训诫，多的是推卸责任的威胁与恐吓。教育最怕盛气凌人，最怕颐指气使；教育应该蹲下身来，应该以心换心。

当教育开始从贴心的细节入手时，就有了人文关怀。有人文关怀的教育才会温暖人心，才是有温度的教育。校长亲手写下每日天气预报，这是把老师和学生当成了自己的家人，天气预报就成了校长对家人的温馨叮咛。这种温馨的叮咛里散发出爱的芬芳。

　　校长亲手写下每日天气预报，学生看了，会感到学校不是一个只会制定规章制度、发号施令的冰冷机构，而是一个充满了人文关怀的温暖家园。学校给了学生家的感觉，学生在学校才会待得安心，学得开心。好的教育就是这样春风化雨、润物无声。

　　看了这则校长亲手写下的天气预报，我想起了《窗边的小豆豆》中的小林校长。小豆豆对着小林校长能一口气说上4个小时，小林校长绝不打断、绝不敷衍；小林校长耐心地、认真地、用心地倾听，这是蹲下来的教育。认真倾听就是一种尊重，就是一种最大的肯定，它胜过苦口婆心、滔滔不绝的训诫。

　　小林校长能听小豆豆说4个小时，他一定不是一个为自己的乌纱帽忙东忙西的政客校长。否则，他哪有这个工夫、这份耐心？小林校长能听小豆豆说4个小时，他一定不是一个好作秀的校长。他能听小豆豆讲4个小时，肯定也能听其他孩子讲4个小时甚或更长时间。他一定是把学生当成了自己亲爱的小孩，他一定是耐心地听、用心地听，没有任何敷衍的眼神。他舍得为学生付出时间，甘心为学生奉上耐心，他一定会给小豆豆以无声的、丰满的生命影响！

　　校长亲手写每日天气预报，这是真做教育，这是做真教育！教育需要爱心和耐心，需要平等和理解，需要身正示范，需要身教重于言教。这些都需要教育者身体力行，从细节入手，让受教育者感受到教育的低（姿态低）、教育的小（小细节）、教育的真（人情味）。

　　教育是对人的教育，对人的教育就不能摆架势，不能吆三喝四。教育需要"己欲立而立人，己欲达而达人"，真教育的境界就是"随风潜入夜，润物细无声"。

从一种讲课姿势看去

　　如果我们从一个个教室门前走过，会看到不少老师讲课时有一个共同的姿势：两只胳膊叉成大大的八字形，两手按在讲台上。

　　用这种姿势讲课的老师有年老的也有年轻的。每当看到这种讲课姿势的时候，我就想：假使我是学生，坐在台下，我真实的心理感受会是什么。这个老师或许很敬业，这个老师或许授课水平不低，但这种讲课姿势总让我感觉老师离学生很远；老师像是一个发号施令的人，学生只有听的份儿；老师是高高在上的权威，学生是卑处其下的听众；学生要永远注视讲台，因为"真理"从那里传出，因为老师站立的位置是课堂的中心。

　　老师总是站在那个位置，总是以那样一种姿势站在那个位置，这一直让我觉得师生平等的观念并没有从老师的行为举止中体现出来。这种讲课姿势，应该是老师教育理念的外在体现吧。

　　在现代家庭中，我们提倡父母要蹲下来倾听孩子的心声；在现代课堂上，我们的老师也应该把叉开的双臂收起来，走下讲台，走到学生中间来，亲切地对学生说：请你独立思考，让我们一起交流探讨，请你勇敢地表达自己。

　　教育教学观念在不断变化，教学模式在不断更新，但任何一种先进的教学观念要想真正见其效力，都必须落实到老师的教育教学行为上来，真正的转变恰恰应该是"细微之处见精神"。它会从老师说话时的语气、语调、表情、手势等课堂的肢体语言上表现出来。就像评判一个人的素质修养，从他的一举手、一投足便可知晓。只有从细节中看到它的变化，才能证明新的教育观念已真正深入人心，已真正内化并外显为一种自然的、习惯的、常态化的、细节化的行为。

毕业典礼不能缺

那天同事说，他上幼儿园的儿子举行了毕业典礼。在毕业典礼上，小朋友们给老师敬了礼，感谢老师三年来对他们的悉心教育与培养；老师让小朋友们戴着博士帽拍了照，以此表达他们对孩子们的殷切期望。

由此，我想到了我的学生。高考已结束了近一个月，我们却没举行毕业典礼，学生就这样结束了自己的高中生活。我替他们感到遗憾：没有毕业典礼，就虎头蛇尾般地将高中生活画上了句号。

我认为，高考结束不等于高中教育的结束。高中是一个人成长的重要阶段，毕业典礼应该是高中生活中不可或缺的重要课程，是对学生进行教育的绝佳时机。

有了这一课，学生可以更好地反思自我，可以在接受大学教育之前有一个良好的精神准备。

有了这一课，学生能更好地懂得感恩：感恩父母，感恩老师，感恩同学，感恩所有给予自己关心和帮助的人；感恩对手，是他们给了自己斗志和勇气。

有了这一课，学生的人生会更有目标，会对自己的未来有更明确、更合理的规划。

有了这一课，学生的高中教育才更完满，高中生活才更精彩。

教育需要契机，做教育的人需要抓住教育契机。一个契机丧失，有时是无法弥补的，甚至会造成终生遗憾。

教师是做教育的人，应该为学生的未来着想，为学生的一生着想。

高考结束时，恰恰是对学生进行人生教育的新的开始。所以，毕业典礼不能缺。

毕业典礼不能缺、不能省，任何学段的结束都需要用毕业典礼来画上完美的句号。如今，教育的功利性让我们变得短视、变得自私、变得狭隘，让我们不是从育人的角度去谋划、去选择、去设计我们的教育行为。

我们是做教育的人，要始终记得教育的目的不是考试，而是育人。基于这样的理念，我们应该重视毕业典礼这一重要环节。

反思于永正先生的话

著名语文教师、小学语文教育专家于永正先生于 2017 年 12 月 8 日去世。在纪念于先生的文章中，我读到了他关于语文课的几句话，感慨良多。他说："不要太像老师，不要太像上课，太像那么回事，就不是那么回事了。"

仔细揣摩于永正先生的话，我做了以下反思：

一、关于"不要太像老师"

第一，不要端起架子来做老师。学问好、道德高、心胸广的老师不用端架子，敬服自留学生心中。

第二，平等不是理念、不是口号，而是善念、是行动。不要害怕与学生平等，不要担心平等了，学生就不把老师当老师看了。给予学生平等的关怀，是给予他们尊重，是以实际行动让学生意识到护卫尊严和人格是他们的权利。给予学生平等尊重的礼物，老师自然会收到同样的回馈。

第三，老师可以活得本真，因为教育不是官场，不需要城府太深。

二、关于"不要太像上课"

第一，不要照本宣科，把课上成程式化的。

第二，课不拒绝精彩，拒绝表演。

第三，完全与生活脱节的课无趣、无用，有意思、有意义应是老师对课堂最朴素的追求。

第四，课讲得太熟、太顺就假了，课应该真，有时真就是美！

学生给我鼓掌了

今天我跟学生探讨韩愈《师说》一文的观点及论证思路。我先给学生读了我的教育随笔《〈师说〉的中心论点究竟是什么》。学生听后，对我报以热烈的掌声。

我课后反思：全班同学为什么自发地给我鼓掌？这掌声里包含怎样的肯定？或许学生从中感受到了我备课时的认真精神——对学问的较真；或许学生从中感受到了我的质疑精神——不盲从于教参，不盲从于他人，不盲从于先前的自己；或许学生从中感受到了我的执着探究精神——"打破砂锅纹（问）到底"，不达目的誓不罢休；或许学生分享了我教学探索的激动与快乐……

想到新课程已实施这么多年，新课标要求老师教学时要确立三维教学目标：知识与技能、过程与方法、情感态度价值观。试想，当老师自己备课时，对知识、学问缺乏研究态度和探究精神，自己备课不注重过程探索和方法研究，自己没有这方面的体验，又怎能设计出适切的三维教学目标，并在指导学生学习的过程中实现三维目标？而当我这样备课，这样钻研教材，并随时记录自己的思考和心得时，在真实的"教育叙事"里，学生会感受到老师对待学问的态度与精神、研究学问的过程与方法，时间久了，会对学生产生熏陶渐染的功效。

21世纪的学生，需具备一种21世纪的技能——批判性思维能力，而这恰是中国学生所欠缺的重要技能之一。学生批判性思维能力的形成，需要老师的引导、鼓励、示范。试想，如果老师是思想保守、头脑僵化之人，是疲于应付、懒于思考之人，是目光短浅、狭隘功利之人，又如何把学生培养成具有批判性思维和创造与革新能力的人？

《师说》的中心论点究竟是什么

　　教书20多年，不知道《师说》已教过多少遍。但今天重教《师说》，再次备课，却困惑于《师说》的中心论点究竟是什么。作为一篇极富现实针对性的经典议论文，《师说》应该有鲜明的论点才对。

　　《师说》的中心论点究竟是什么？

　　我问办公室的同事，大家有三种观点。第一种观点：第一段的第一句话——古之学者必有师。第二种观点：第一段的最后一句话——是故无贵无贱，无长无少，道之所存，师之所存也。第三种观点：二者合起来。我查阅了教参，教参上对本文的中心论点究竟是什么说得也比较模糊。

　　我和同事继续讨论。这时，有的同事说，如此较真有必要吗？不清楚不也教了这么多年了嘛！

　　我和同事继续探讨。本文是韩愈针对当时（中唐）士大夫之族耻于学师而作，他理应强调从师学习的重要性。如果"古之学者必有师"是本文的论点，全文不可能只是强调"古之学者"必有师。如果"是故无贵无贱，无长无少，道之所存，师之所存也"是本文的论点，作者不可能不把"从师学习的重要性——为什么"作为中心论点，而直接把"从师的标准——怎么做"作为中心论点。如果把前两者合起来作为本文的中心论点，那么前两种观点都不成立，将二者合起来也很牵强。

　　我和同事继续思考。我们认为本文的中心论点如果是"古之学者必有师"，那韩愈在本文中要论证的一定不是"古之学者必有师"，而应是"学者必有师"才对。

于是，我上网搜寻。功夫不负有心人，我果真找到了一篇论文——《〈师说〉的中心论点及论证思路之我见》，发表于《语文教学与研究（综合天地）》2010 年第 3 期，作者是杨素辉。没想到，我的看法与杨素辉老师的不谋而合。杨素辉老师在文中写道："'古之学者必有师'，重点不在'古之'上，而在'学者必有师'上，作者提出'古之'二字，目的是反衬当时之人。……我认为本文的观点是'学者必有师'。"

经过一番探究，我终于找到了同道之人，心中有些激动，有些快慰。不盲从于教参，不盲从于他人，不盲从于先前的自己，勇于质疑、执着求证，这便是教研之乐。

再谈考试

——写在期中考试之后

　　考试，在中国是个老生常谈的话题，家长谈，老师谈。考试搅扰了家长和孩子的心情，让他们烦躁、厌食、失眠；考试破坏了父母和孩子之间的关系，让他们争吵、怄气、懊恼。

　　孩子从小学一年级到高中，大大小小的考试经历了不少，但考试到底考什么？究竟该如何对待考试？这是个有必要再谈一谈的问题。

　　有人说，考试考知识和能力，这话没有错。但考试是不是也考孩子的性格呢？

　　有些孩子从小被父母家人宠着，大小事情都由父母家人做主，这容易导致孩子做事没有主张、优柔寡断，缺少果敢和魄力。这样的孩子，考试时遇到简单的题目，不敢相信自己的判断，往往会把题目想难了，导致出错失分；遇到能力胜任不了的难题，又不敢舍弃。殊不知，果敢和魄力，是考试必备的素质。

　　有些父母过于强势，对孩子要求严苛，导致孩子做事谨小慎微，害怕出错。这样的孩子考试时会背负过重的心理负担，小心翼翼、战战兢兢，做不到全身心投入考试，往往是害怕出错，反而更会出错。由此看来，考试除了考知识和能力，也考孩子的性格。

　　有时候，我们赋予了考试太多的意义：为了报答辛勤付出的父母，为了报答尽职尽责的老师，为了给学校争光……

　　赋予考试太多的意义，会让考试的目的变得不纯粹。这样会让一些孩子背负沉重的心理负担，非常想考出好成绩回馈他人；同时又担心考不好，容易导致"太想赢反而会输"。还会让一些孩子虚荣讨巧，把考试的目的变成取悦他人，这就很难让他们做到平时学习踏踏实实、用心专一。

　　其实，考试的目的很纯粹。检测知识是否做到了准确无误的记忆、准确到位的理解、灵活熟练的运用，检测学习方法有哪些需要改进优化，学习习惯有哪些需要进一步养成，学习能力有哪些需要进一步提升。考试就是为了让孩子实事求是地查找问题，客观理性地对待问题，全面准确地分析问题，积极主动地解决问题。只有这样，孩子才能踏踏实实地学习、轻轻松松地考试！

不着急，不害怕，不要脸

——致电视剧《小欢喜》中的妈妈们

　　办公室的同事不止一人向我推荐电视剧《小欢喜》："挺好看，看看吧。"中秋假期时我开始看：洗衣服时看，包水饺时看……

　　童文杰、宋倩、刘静，三个妈妈，三张焦虑的脸，在我眼前晃来晃去。读高三、考大学，这一桩事闹得多少个家庭鸡犬不宁、不得安生。

　　方一凡的妈妈——童文杰，为了儿子考大学，忽吼忽叫，忽吵忽闹，急三火四，着急忙慌，像个易燃易爆的火药桶；乔英子的妈妈——宋倩，为了女儿考大学，千方百计，费尽心思，迂回曲折，揉搓逼迫，像个磨磨叨叨的神经质；季杨杨的妈妈——刘静，说不是、不说不是，说多不是、说少不是，忍儿子，忍丈夫，忍而不发，一脸无奈。

　　焦虑是高中孩子的妈妈尤其是高三孩子的妈妈共同的情绪。我也曾经是这些妈妈中的一员！有人或许会说："不焦虑不行吗？"如果您这样说，那是您的孩子还没上高三，您不懂！对一个妈妈最大的折磨，就是让她给高三的孩子当妈妈；最好让她有三个孩子，连续三年给高三的孩子当妈妈！高考结束，解放的不只是孩子们，更是中国的高三孩子的妈妈们！

　　家有高考生，家里的空气都会变得稀薄，因为每寸空气里都包裹着焦虑的气息。

　　家有高考生怎么办？孩子的妈妈怎样克服焦虑？我告诉大家9个字：

不着急，不害怕，不要脸。

最近，我在朋友圈读到一篇文章《一辈子不生癌》，作者是冯唐（作家、医生、商人）。他对所有中国人的建议竟然简单到只有 9 个字：不着急、不害怕、不要脸。

我想把这 9 个字送给《小欢喜》中的妈妈们，送给所有高三孩子的妈妈们。

不着急，似乎不可能，但妈妈们可以努力修炼：不马上着急，让自己静一静；不只会着急，明白着急只会让事情变得更糟。着急会让情绪失控，脑子糊涂，感觉困难大如天；反之，不着急，就会感到"办法总比困难多"。

不害怕。害怕，很多时候是自己吓自己，往往还没等事情的结果出来，已是万分担心，自己臆想出了种种不好的结果。事情没出结果前，提前害怕没有用；结果出来后，无论怎样都得接受。

不要脸。这句话虽糙，却也是要修炼的一种心态。这里的"不要脸"是指不要为了争脸面，不要为了所谓的父母颜面而逼迫孩子学习，造成孩子认为学习不好就是给父母丢脸，就是不孝。把成绩好等同于尽孝，这曲解了学习的意义，也消解了学习的乐趣。这会让家长和孩子都变得虚荣，变得"输不起"！其实"输得起"的人，才更容易成为人生的赢家！

如果说高考很重要，大部分中国孩子躲不了、逃不掉，大部分中国家长要陪考，那它的重要意义就在于历练孩子遇事不着急、不害怕、不要脸，不只要做高考的赢家，更要做人生的赢家！

功夫在平时

——一次课堂实验活动带来的思考

2017 年 3 月 9 日，小凡同学给同学们讲小说阅读中对"人物性格特点"的概括分析题。他认为，同学们之所以不能对人物性格特点做出精准概括，其中的一个原因是：平时，同学们基本不会用一些精准的词语对周围人的性格特点做概括，即便是对身边最熟识的人，同学们平时都没做过这种功课。

根据小凡所谈的问题，我当即在课堂上搞了一次实验活动。活动任务及要求是：请至少用三个词语，概括你小组内某个同学的性格特点。同学们立马动笔，并当堂做了发言。

听了同学们的发言，我发现存在以下主要问题：第一，不能用简练准确的词语概括同学的性格特点。第二，用词过于笼统，不能精准地体现人物性格的典型性，概括不同的同学使用的是同样的词语，如善良、懂事、活泼、大方、外向、内向等。第三，对同学的评价不客观，对优点、缺点或夸大或缩小。

这个实验活动让我认识到：语文学习，应当"功夫在平时"。学生对身边最熟识的人的性格都不能客观、精准地做出概括评价，不可能到了小说阅读课或考场上，就突然有了神来之笔。

平时的小说阅读教学，我们教给了学生不少关于小说的知识和答题技巧，但没有教会学生对人的认识评判能力。客观准确地认识、评判他人和自己，是一个人思想成熟的表现。

　　语文教学的目的是帮助学生更好地认识生活，更幸福地生活。若把语文学习与生活完全割裂开来，就偏离了语文学习的目的和意义。生活就是语文，语文就是生活，语文学习"功夫在平时"。这是这次课堂实验活动带给我的启示。

对语文高效课堂的思考与认识

课堂是学生学习的主阵地，如何构建高效课堂，是每一位老师要用心思考、努力而为的事情。关于什么是高效课堂，有人曾这样表述：通过课堂教学，实现"教得有效，学得愉快，考得满意，师生发展"。但从当前真实的课堂（优质课除外）状况来看，距离这一目标的实现还是有距离的。

一

目前，新课程已实施多年，新课程的理念早已深入人心，比如老师的教学设计，教学目标那里都会罗列着三项目标：知识与能力，过程与方法，情感态度价值观。但在真实的课堂上，老师注重的依然是对知识的讲解落实，相较以前有所变化的是更注重教学手段的多样化，比如一堂课有 PPT、视频、音频、图片等，但其他几项目标落实得较少。

导致这一状况的原因固然与老师的思想认识、实践能力有关，但和考评机制也有很大关系。看看那些关于高效课堂的评价标准，更多的还是去考量一堂课的知识容量是否大，老师教授知识的方法手段是否多。知识容量大了，传授知识的方法手段多了，就是一堂高效的语文课吗？这值得我们反思。

语文课应注重对学生的语言和思维训练，让学生通过课堂学习，学会准确地理解和得体地表达，养成独立思考、质疑探究的良好习惯，发展思维的严密性、深刻性、批判性等。这涉及学生学习习惯的养成、治学品质的培养和语文能力的获得，但这些在目前的高考语文考试中还不能全面地体现。所以，老师的教学设计就会偏向知识目标，因为知识目标是考评者最容易以量化的形式来考评的。高考考什么，课堂评价标准就考量什么，这些势必会影响老师对课堂教学目标的确立。

语文学科有其自身的特点，学生的语言表达能力、思维能力的获得都非一日之功，需要长期积累、大量实践，短期很难见效益。但当下人们受功利主义的影响，总是这样来理解高效、追求高效：用最短的时间获得最多的东西。殊不知，这恰与语文的学科特性相违背。语文学习是慢功，是积累，是熏陶渐染。积累，不可求快贪多；熏陶渐染，更不可求快。高效，不是多、快、显的速成，而是少、慢、隐的浸染。

我们的老师不是不懂语文学科的特性，只是大家都很功利——学生功利，考评者功利，家长功利，老师又怎能不功利？于是，老师只好将三大目标罗列在教学设计上，然后在课堂上依然追求知识的大容量，教学手段的多样化。至于学生能力的习得生成，学习的过程、方法，情感、态度、价值观，就只好在课堂上隐身了。

但我们是语文老师，既然明白语文学科的特性，就应该负责任、有魄力地去坚守学科的个性。我们不仅是从事语文教学，更是从事语文教育，所以应该时刻反思：通过语文课堂，我们究竟要让学生习得哪些方面的能力，具备哪些方面的素质，要把他们培养成什么样的人。我们应为学生计、为学生的长远计，来从事语文教学、设计语文课堂。基于这样的认识去设计语文课堂，老师一定会在教学内容的选择上更具科学性，在教学方法的选择上更具艺术性，从而实现真正意义上的语文高效课堂。

二

如果语文课完全变成了知识的传授与识记，老师传授得再多，学生识记得再熟，也算不上真正意义上的高效课堂。这样的课堂完全消解了语文课堂的语文味。作为老师，我们无论用多么丰富的教学手段、多么高超的教学技术，依然是在以一个高级工匠的身份在培养匠人。长此以往，老师会把那些鲜活的生命培养到灵气全无，让生命陷入委顿。语文课堂必须氤氲着生命的灵气，必须注重对学生心灵的滋养，关注学生的精神成长。语文教育更应该是对人的灵魂的教育，而不单是知识的堆积。"大教教心"，以它作为选择教学内容的标准，则可少一些功利与短视。

当教学内容选对了，选择教学方法就不是一件困难的事。当教学内容不对时，再好的方法也只是炫技作秀。

什么教学方法是最好的方法？能激发起学生自主探究的欲望，让学生自觉自愿地动起来——动脑、动口、动手、动眼，体会到自主获取知识的愉悦感、能力提升的成就感，这样的方法就是好方法。能让学生懂得合作是未来学习的必备能力与品质，体会到"独学而无友，则孤陋而寡闻"，让学生摒弃自私与狭隘，修为宽博的胸襟、豁达的人生态度，这样的方法就是好方法。能激起年轻学子强烈的进取精神和竞争意识，这样的方法就是好方法。

这些方法的选择需要老师具有真正的爱心。真正的爱心是什么？它是老师真心尊重学生，不带着分数的有色眼镜把一个个鲜活生动的生命分为三六九等。没有真正的尊重，再好的教学方法都是在作秀。它是发自肺腑地信任学生。有了老师的信任，学生创造的触角一定会被快乐地牵引。老师信任学生，学生就会发明创造出许多获取知识的好方法，因为信任会激发创造力。有了尊重，有了信任，才会实现真正意义上的民主与平等，课堂才会其乐融融、生动精彩。不是基于爱的教学方法，再怎么高超也只能叫技术；所有基于爱的教学方法，不管多么稚拙，也算得上艺术。"艺术"的教学方法，不仅能让学生获取知识、习得能力，对学生的心灵也是一种自然的、丰富的、健康的滋养。采用这样的教学方法一定会实现语文课堂的高效："教得有效，学得愉快，考得满意，师生发展。"

三

尊重学生，信任学生，放手让学生去实践。给学生一片自由的乐土，让他们思想的野马任意驰骋；给学生一片希望的田野，让他们用自己年轻的手脚去开垦耕耘。他们会遭遇挫折，更会享受成功。但无论是挫折还是成功，对于学生未来的学习与成长都将是丰富的营养。因为学生只有在做事中才能学会做事，也只有在做事中才能更好地学会做人。小教教技，大教教心。只有让学生亲自去实践的课堂，才算是真正意义上的高效课堂。

什么样的课是好课

今天听了小于老师的研磨课——李清照的《声声慢》。这是一堂好课！

什么样的课是好课？

上出语文味的课就是好课！它可以没有模式、不讲套路，但要上出文本应有的味道，上出老师自己的味道！它让学生意犹未尽，不愿下课，感觉45分钟就像几秒；它让听课老师如沐春风、惬意舒服！

自然流畅的课就是好课！自然是指老师的教学设计、教学方法、课堂语言自然，无斧凿痕迹；流畅是指课的逻辑性强。课堂自然流畅就说明教学流程的设计遵从了合理的逻辑顺序，符合学生的认知规律。一个语文老师的教学流程设计必须重视流畅性，讲究流畅性，这样潜移默化中就培养了学生思维的逻辑性。

上出老师个性和匠心的课就是好课！要让一堂课成为一个独特的"这个"，而不是小说、散文、诗歌"一锅炖"，什么味都有，什么味都不突出。好课离不开创新，好课需要老师有匠心！

好课需要老师有自己的语文教学理念。有什么样的语文教学理念就有什么样的语文教学行为。一个有情怀、有温度的老师，他的课一定是有温度、有情味的好课！

真，乃课之魂

暑期研修，观看了很多老师的课，聆听了很多专家教授的讲座。尽管我有向学之心，但说实话，不少老师的课和讲座还远远达不到像磁铁般吸引我的地步。

他们的课件，能看出是精心准备的；滔滔讲来，肚里应是大有学问的。但听来却不能入心，让人感觉整堂课、整个讲座，主讲人像是永远站在课之外、讲座之外，没有心的参与，没有情的投入，语调平平，表情单一，絮絮叨叨。

我暗自思忖：这些课和讲座里究竟缺什么？不缺知识，不缺学问，不缺技术，缺真性情。

有些公开课，技巧多、性情少，表演显、真情隐，斧凿甚、自然缺。殊不知，真情最动人，自然最惬意。讲课、做讲座都是一种人与人之间的精神交流、交往。在这些活动中，人们大都喜欢真诚、有真性情的人，不喜欢矫揉造作之人。教授语文的人，研究文学的人，若不具备真性情，不流露真性情，那课、那学问研究，也多半成了干瘪无趣的东西。

我曾听过周汝昌先生讲《红楼梦》、程翔老师讲《锦瑟》。从他们的讲座和授课中，我看到了才学，感受到了真情，一切都来得自然率真、惬意舒服。

所以说：真，乃课之魂；无真，课就会失去神采！

从师生的课堂表情谈起

听课时，我喜欢看老师和学生的表情。

请看课堂上师生的表情：

老师：或严肃，或深沉，或一脸生冷；喜笑颜开、热情洋溢的表情有，但不多见。

学生：或板滞，或漠然，或低眉顺眼；阳光自信、幽默风趣的表情有，但不多见。

我总感觉师生的课堂表情都不如日常生活中那般生动丰富，好像师生一到课堂上就都戴了特制的脸谱一样。

为什么会出现这种情形呢？

是不是传统的师道尊严在作怪?!

在课堂上，老师把自己的尊严看得高于一切。课堂45分钟要完全掌控在自己手中，力争每一步骤、每一环节都按自己的预先设计去呈现，把课上得顺风顺水，不出一点意外，更不能出一点乱子。在这样的课堂上，老师是知识的权威，真理的化身，课堂的霸主。但这样的课堂，老师的尊严保住了，学生的尊严何在？

在这样的课堂上，老师为了掌握课堂大权，不会轻易给学生提供自我展示、自我创造的机会，学生在课堂上就变成了用耳听、用口读、用手抄、用脑记的工具人，表情自然单调。这样的课，看似教学任务完成得很好，效率很高，但并没有培养学生的自主合作探究能力和创造能力，这样的课堂何谈高效？日子久了，学生自然会有厌学情绪。所以，老师必须更新观念，多给学生提供自我创造、自我展示的机会，让学生真正成为课堂的主人。这样，师生的表情都会生动起来，课堂也一定会精彩起来。

在这样的课堂上，学生遭遇困惑时，会一脸迷茫；不耻下问时，会满脸谦卑；激烈争论时，会面红耳赤；弄懂问题时，会神情放松；受到表扬时，会欣喜自豪……老师会自信满满，踌躇满志；会侃侃而谈，自我陶醉；被问住时，会抓耳挠腮；自愧不如时，会真诚佩服；参与讨论时，会忘我投入……师生表情丰富的课堂才是生命力蓬勃的课堂。

在这样的课堂上，学生见到的老师是人而不是神，师生间实现了人格上的真正平等。老师犯了错误就得真诚道歉，不如学生就要坦诚承认，学生比老师强就要为他们喝彩。这样，老师才能真正体会到教学相长的快乐，才能真正享受"青出于蓝而胜于蓝"的幸福。

幸福是会传染的，学生会分享老师的幸福。师生的幸福感都满溢在脸上，这才是真实而生动的课堂情景。

思考与对话

——听郭老师讲《林黛玉进贾府》

一、听课的思考

要让学生深度学习，就需要老师做深度学习、深度备课的先行者、示范者。一个老师如果在教学上从没感觉到困惑，就不可能成为深度学习者。因为有困惑才有思考，有思考才有改进。疑则思，思则进。从这一点上讲，郭老师是成功的。她是带着困惑、思考、尝试和自我挑战上《林黛玉进贾府》的。学生能跟这样的老师学习是一件幸事。

关于名著名篇阅读，首先要想办法让学生亲近文本，让他们自己读起来。这就需要老师给学生提供合适的学习方式。郭老师设计了让学生读课文、自画林黛玉进贾府行程图的教学环节，学生可以加上自己的艺术设计，有创造性地画。这会激起学生学习的兴致、创造欲和表现欲，他们会很乐意亲近文本。这个教学设计是成功的。

对于名著中的名篇学习，我们的学习目的究竟是什么？我认为是通过单篇的学习，激起学生阅读整本书的欲望。如果我们的课堂能取得这样的效果，它无疑是成功的。

让高一的学生透过现象看本质，以概念化的语言表达深刻的认识和思想，这样的学习目标有些理想化，这样的目标定位与学生的人生阅历和认识匹配度比较低，所以课堂上师生、生生的心灵碰撞较少。

我们的小说教学，课堂上往往让学生找点多（以题代读）、真读少，说得多、悟得少。

语文课怎样上才算有语文味？我的理解是：课堂要真正触动学生的心灵，且很多人被触动、很多次被触动。

二、郭老师的回复

谢谢弭老师如此全面的观课思考。

至于"以概念化的语言表达深刻的认识和思想"这个"理想化的目标"，在讲《祝福》的时候我就纠结过、担心过，担心高一学生的认知水平低，思维层次窄，理解不了，但我选择了让他们分析为什么"同是寡妇，李纨必须守寡而祥林嫂必须再嫁"这个问题，学生就能很好地理解是环境不同所导致的结果，也能认识到虽然她们的生存状况有天壤之别，却都是封建礼教思想的可怜的牺牲品。我觉得这就是深入看问题的表现。

因此，就这个问题，我觉得思辨力的培养一开始必然是慢的、难的，因为初中很少涉及，但必须做，因为这种思维习惯很重要。

所以，我觉得目标理想化不可怕，只要找到适合学生的点切入，就可以和学生碰撞出火花。所以这节课的碰撞少，问题在我不在学生，这是我这节课最大的遗憾。

三、我的回复

语文课最终是要引领学生的思想走向深刻，这是一个有远见、有思想、有责任感的老师要做的。郭老师，您是很棒的。您说得对，一堂课的切入点很关键，老师的问题设计很重要。让学生思考，就得想办法把学生逼入一个思考的墙角，让他们意识到墙角有美丽的风景，想看风景就得思考。切入点要适切，问题设计对学生的能力展示来说要有挑战性、区分度，这样才能激起学生的头脑风暴，满足这个年龄段学生的虚荣心、好胜心、挑战欲和创造欲。

有遗憾，有思考，有尝试，教书的乐趣大概就在这里。

语文老师应该努力做有温度、懂情趣、会思考的人！

不可以不理他

晚饭桌上。

丈夫说："今天听了一节小学五年级的美术课，老师让一个小朋友到台上表演一下'喜怒哀乐'的表情。上台的是一个小姑娘，她咧开嘴巴，咬紧牙齿。老师问同学们：'请问这是什么表情？'还没等大家反应过来，台下便传出一个响亮的声音：'傻。'这是一个小男孩的声音。"丈夫停顿了一下，评论道，"有这么回答问题的吗？纯属搞怪！"

我问："老师是什么反应？"

"老师没理他。"丈夫说，"接着，小姑娘又做出一个表情。老师又问同学们：'请问这是什么表情？'同刚才一样，大家又是最先听到那个小男孩的声音：'中奖了。'"

我又问："老师这次是什么反应？"

丈夫说："老师还是没理他。"

老师自始至终都没理那个小男孩。老师该不该这样做？这样做好不好？

课堂应该有预设、有生成，这个老师在上课前肯定做了精心的预设，或许她没想到课堂上会有这样的生成，可能她生气了，所以不理他；或许这是一个出乎意料的突发事件，仓促之间老师没有想好应对的办法，所以只好不理他；又或许这是这个男孩的一贯表现，老师见怪不怪，所以不理他。

但不管怎样，我觉得作为老师都不应该不理他。因为他的声音已响亮地发出，这是一个既成事实；因为所有的人（授课老师、听课老师、其他学生）都已听到他的声音，这也是一个既成事实。老师可以批评他，可以非常机智地、富有艺术性地教育他，但不能不理他，因为不理他是老师课堂上不作为。如果说不恰当的处理方式会伤害孩子，但"不理"同样是一种伤害，是对孩子的漠视。

我们是否可以这样来看待这个小男孩：或许他并无恶意，只是好表现自己，只想通过这种方式来引起他人对自己的关注而已，又或只不过想搞搞笑而已；或许他就是童言无忌，怎么想就怎么说而已……

他毕竟是个孩子，不管他出于何种动机，老师的置之不理对他的自尊心都会是一种伤害。如果这个孩子需要教育，这恰好是一个教育的契机，老师的不作为或许只能解释为老师缺乏包容与爱心，缺乏教育的智慧与艺术。

俄罗斯紫皮糖的故事

最近，我们举行了"名句默写小组比赛"活动。每次搞活动，我都会给孩子们发点奖品。我没跟班主任要过班费，都是自己花钱。有同事跟我讲："不是自己的事，干吗自己花钱？"同事说的有道理，但我每次还是用自己的钱。一来每次花钱不多；二来我觉得花我自己的钱，表达的才是我的心意。孩子们不会在乎我花多少钱，他们在乎的是我对他们的褒奖和认可。

我发过图书、杂志、本子、书签、糖果等。对活动一等奖的获得者，我发过旧书，即我读过、圈点勾画过的书。我的旧书不舍得送人，不轻易送人，这是 2013 届学生特地跟我申请的。

这次活动，我承诺的奖品是俄罗斯紫皮糖。活动结束好久了，网购的糖还没到货。一日，科代表跑到我跟前，有点俏皮、有点诡秘地提醒我："老师，我们的俄罗斯紫皮糖呢？""没忘，没忘，只是还没到货。"上课时，我告知全班同学："绝对兑现承诺，请大家耐心等待。"等待的过程中，孩子们很开心，我也很开心。其实，没有哪个孩子嘴馋到非要吃那块糖，他们在意的是那块糖是他们付出辛劳后挣来的，在意的是他们的付出得到了老师的认可，在意的是那块糖是他们喜欢、信赖的语文老师给的。我们每次活动奖励面都很广，包括参赛选手、主持人、评委、计分员等，目的是让同学们明白：每个人的付出都会被看到。

一块糖也许会让学生懂得很多，会带给他们不少美好的回忆。

李文秀同学在她的随笔《俄罗斯紫皮糖的故事》中写道:

> 我们的幸福感只值一块糖吗?当然不是。这块糖是单调生活的调味品。它会给大家带来许多有意思的谈资,让大家开心、快乐。它是一个承诺的兑现,是一个期许的满足。当家长和其他老师对于考试和成绩强调得太多时,大家会感到饱和。这时还有语文老师在乎我们、关心我们除了分数之外的东西。

也许不只此时,在任何时期,人类都需要意外的惊喜。生活中不会总有惊喜,那就为自己制造惊喜。拥有制造惊喜的智慧,会让一切变得简单而幸福。语文老师就是拥有制造惊喜智慧的人!

我不拒绝上公开课

公开课，多是教学交流活动中的展示课，也多是由民间组织的。

上公开课，大多数没有证书；即便有，证书上的印章也多是不被官方认可的。所以，精致的利己主义者会说："受半天折磨，却不能获得实际利益，这样的课我才不上呢!"可我回首自己近30年的教书生涯，上过的公开课大大小小，真有点数不清。

记得闫学老师曾在自己的书中写道，选择公开课就是在庸庸如常的某一日经历一次难得的高峰体验，就是在淡泊宁静的心境中投下一枚可爱的石子，这种诱惑无法拒绝，这种波澜充满诗意。

公开课是把自己经营的课堂勇敢地亮于众人面前，接受大家的检阅。公开课能展示自己的教育教学理念，锻造自己的教学基本功，历练自己的心理素质，是促使自己迅速成长的有效方式。

公开课历练了我，使我获得了成长。所以，我不做精致的利己主义者，我不拒绝上公开课。

那些留在生命记忆里的公开课

一、《大江东去》与一段姻缘

在我参加工作的第四年，即 1997 年 10 月 8 日下午，我在学校的现代化教育馆阶梯教室上苏轼的《念奴娇·赤壁怀古》。那次来听课的老师特别多，学校领导也都来了。记得那天上完课后，一位副校长对我说："你的课可以去参加省级优质课评选。"

我为什么对这堂课印象那么深刻，甚至精确地记得上课的具体日子呢？因为这堂课与一段姻缘有关。

在这堂公开课结束后，我经人介绍与现在的丈夫在校门口见面。后来，丈夫是这样跟我聊这件事的：那天他是骑摩托车来和我见面的，他当时的想法是，如果搭上眼看不中我，直接骑车走人；若是一眼相中了，那就得好说歹说去我宿舍坐坐。那天他前脚来到我宿舍，刚坐下，我的好友晶华老师后脚就进来了。晶华老师就当他不存在，激动地夸赞我的《大江东去》太精彩了、太震撼了！晶华老师猛夸特夸我一顿，丈夫竟没捞着说一句话，只有坐在那儿默默听的份儿。后来丈夫问我："谈个恋爱，咋还找上个托?!"

时隔 20 多年，晶华老师还常常说起我的《大江东去》。自那节课后，晶华老师还给我起了个"电眼美女"的昵称。

前段时间，晶华老师在学校微信工作群里又谈起我的《大江东去》。每次谈起那堂公开课，她都会感慨："高手民间藏。"我的《大江东去》

简直成了她的初恋，每一次说起，她的激动都不减当年。

二、那节课上学生哭了

2003 年，我在章丘电视台上史铁生先生的《我与地坛》，借用的章丘五中的学生。那堂课受到上海著名特级教师陈钟梁先生的好评。来自上海建平中学的张强老师说，他发现课堂上有学生被感动了，学生哭了。后来我反思：虽说评价一堂好课的标准多元，但能触动学生心灵的语文课应该算是好课吧。

三、在大师的班上上作文课

2005 年 5 月，我作为"上海程红兵语文骨干教师培训基地"第一批学员去上海建平中学培训学习。当时要求每个省参训的老师都要出一节公开课。我有幸代表山东参训老师在程红兵校长的班上上了一堂作文课，受到了程红兵校长和参训老师的好评。

课后我写下这样的感言：在大师面前献丑，受难的同时，也是一种提升。

四、河北衡水中学，十大名校同课异构

2013 年 11 月，我去河北衡水中学参加"第七届中国卓越校长峰会暨十大名校同课异构"活动，上高适的《燕歌行》。评课的是著名特级教师、宁波万里国际学校袁湛江校长。袁校长这样评价我的课：朴素深刻，恬淡温情。当我听到这个评价时，有些激动。"朴素深刻，恬淡温情"，是我一直以来追求的课堂风格。袁校长这样评价，看来我的课已形成了自己的风格。

苏轼曾说："凡文字，少小时需令气象峥嵘，采色绚烂；渐老渐熟，乃造平淡，其实不是平淡，绚烂之极也。"我认为，不仅文字如此，课亦如此。

磨难课程，故事育人

一、感恩磨难，抒写磨难

作为老师，我常跟学生讲：人的一生不可能一帆风顺，对于成长而言，磨难是一笔财富。经历磨难，人生会苦而丰富，心性会坚而达观。倘若能以感恩的心珍视磨难，磨难就会化成生命的营养液。经历过磨难的生命，会散发出一份沉静淡定、深沉大气的美好来。我珍视生命中的磨难，感恩上天对我的种种考验；我用素朴的文字抒写磨难，用心灵收藏上天给予我的一笔笔特别的财富。

二、敞现真实，开发课程

我是语文老师，我的语文教育理想是：努力让每一节语文课的价值不仅在当下，不仅在高考，而在一种终生相伴的文学熏陶，一种终生受用的语文学习能力，一种朴素而真纯的生活智慧；让语文与生活、学问与做人、思维与智慧浑然相融，充满魅力。为此，我用心经营自己的语文课堂，努力让课堂饱满、生动、丰富。我在自己的语文课堂上努力求"真"，在学生面前和自己的课堂里敞现真实。语文老师在学生面前不必将自己包裹得太严实，可以真诚地、真实地表达自己，将自己的生活经验、情感体验、学习经验等嵌入课堂，这是每一位语文老师的"真人"

元素。语文老师不要让学生把自己当成可敬畏的神，而应当成可亲近的人。记得著名特级教师张化万说："做一个真实的人，真实的遗憾比虚假的完美更加动人，更加具有生命力。"从教学的角度而言，真实更是必不可少的，很多优秀的教师都坦率地以"真实的人"的形象出现在学生面前，反而赢得了学生的尊重，学生也因此爱听他们的课。

老师的生活经验、情感体验、学习经验等，都是老师生活中的真实体验，倘若能把它们适时地、合理地、智慧地嵌入语文课堂，这将是每个语文老师最丰富、最独特、最具个性的课程资源。

我们教育学生，就是让每一个年轻的生命成长得更好，磨难教育这一课不可或缺。尤其是在语文教学中，对学生进行磨难教育，语文老师更是责无旁贷。我经历的那些磨难，将是我最独特的语文课程资源。我要开发它，好好运用它，和学生分享它，让这些磨难诞出坚韧之花、智慧之花，让学生从中汲取生命的营养，让每一个年轻的生命成长得更美好。

三、以文会友，教育无痕

对学生进行磨难教育的方式很多，可以给他们讲道理，只是讲不好或讲太多，会变成不走心的说教；可以把别人的故事讲给学生听，老师也多用这种方式。但若能把自己的故事讲给学生听，并且把故事写成文字，以文会友，这样的教育方式，学生也许会更喜欢。以文会友，没有说教，学生可以在听读中自悟。这常常能取得"多赢"的效果。老师自己的磨难经历，老师自己写的文章，学生听读起来，会被老师的真实、真诚而感动，会因对老师的了解而愈加亲近老师，会学习老师对待困难、挫折、磨难的态度，同时还会获得语言方面的训练。

以文会友，教育无痕，这就是我的"磨难教育课程"。这是我教每一届学生必给他们读的文章。有些已经读了大学或是已经成家立业的学生告诉我，听读我的那些文章，相当于我给他们开设了独特的"磨难教育课程"，使他们终身受益。

我的"磨难教育课程"

我用文字抒写自己的磨难，并把这些文章读给学生听，学生称之为我的"磨难教育课程"。磨难教育是关乎生命的教育，它会让生命成长得更坚韧、更顽强。对学生来说，磨难教育不可或缺。

当我把这些文章读给学生听时，有些学生会抹眼泪。他们不解地问："老师，你读这些文章怎么还能笑？"我现在想对他们说："是磨难促使了人的成长。一个人经的挫折多了，会练就达观的心性。何为达观？笑嘲苦难，笑嘲自己，学会幽自己一默。"

一、生命必须承受之重

在人生并不很长的路途中，我有过不少失败，但我都以自己的孱弱之肩和坚强之心撑持过来了。但有一次失误，却让我追悔莫及。那次因失误而导致的失败，痛彻骨髓般的伤痛成了我刻骨铭心的记忆。

1999 年的元旦，学校推荐我报考山东师范大学的教育硕士。那时我已怀孕，还教两个班的语文课，可我欣然答应了。正月初五，我从春节温馨闲适的气氛中逃离，从老家回到了自己的小家，开始了艰苦卓绝的备考。白天看书，晚上拼到 12 点，一日三餐马马虎虎。朋友知道我怀孕了，打电话问候："没给孩子搞搞胎教？"我一时语塞。一段时间以来，我早已心无旁骛，将肚腹中的孩子置于脑后。半晌，我只笑答："那东西管用吗?”朋友不知道我在备战考试。

怀孕四个月，正是需要精心调养，需要家人百般呵护的时候，而我却一直在拼命苦读。我想着朋友那个关切的电话，那个善意的提醒，可我哪里顾得上这些，只是在学累了的时候，对着肚腹中的孩子忏悔，请他原谅妈妈的自私。我向老天祝祷：让我的孩子健康成长。

初春的四月，我挺着怀孕六个月的肚子上了考场。第一场考英语，时间3个小时。我撑下来了，没觉得累，自我感觉考得还行。直到中午吃饭，同伴问我答题卡上涂了几行时，我才猛然惊醒：20个阅读题忘了涂卡。那一刻，我如鲠在喉：失败已成定局。但我还是坚持把后面的科目考完，最终以总分超37分，外语差5分没过线的成绩为这段经历画上了句号。

失败了！克服了那么多困难，投入了那么多精力，还是失败了！败得那样惨，败在那样低级的错误上。有人说，你真不走运；有人说，假如你涂了卡；丈夫说，你没有考研的命。大家对我的惨败给出了不同的看法。

很多人失败了或归之于时运不济，或躺在床上做出好多假设，但我不想这样。我从痛苦忏悔中走出来，进行了冷静理性的反思。在失败面前，我应该实事求是；在令人瞠目结舌的残酷现实面前，我应该拿出一份勇气和坦诚。面对自己的失误，我坦诚地承认：是以往的考研经历助长了我心底的骄傲，使我失去了审慎，也就让我与失败接了一个终生都忘不了的"吻"。

很多人失败了，要么做"怨天尤人派"，要么做"痴心神往派"，我想说，如果那样，失败就仅仅是一次失败，于今无益，于后无补。我们应从失败中学会反思，应更清醒地认识自己，使自己变得更加谦虚、更加谨慎。这样的失败，便有了它应有的价值。

失败，是噙满泪水的经历，我们应正视它，因为它是我们参悟人生、修成正果的必须。生命必须承受之重。身心经历过痛苦的磨砺，灵魂经历过艰难的裂变，我们才会觉得生命愈加纯净，心灵愈加丰盈，思想愈加成熟。

今天，忆起失败，我想起了泰戈尔的那句诗："天空不留下鸟的痕迹，但我已飞过。"今天，面对健康活泼的儿子，我想自豪地对他说："你在妈妈的肚腹中，就懂得了'士不可以不弘毅，任重而道远'；就懂得了不断学习、终生学习的道理；就陪着妈妈走过了拼搏—进取—失败—反思、愈挫愈奋的心路历程。有什么样的胎教会胜过这些呢？"

二、忆起那间小屋

在这么多年的教书生涯中，最令我难忘的是那间小屋。

我从 1993 年毕业住进小屋，一直住到 1997 年小屋拆掉。在我的教书生涯中，如果把 4 年的小屋生活抽掉，我有一种精神被掏空的感觉。那间小屋丰腴了我的精神，那是一间"精神小屋"。

所谓小屋，是学校校改后仅剩的一排低矮破旧的小平房。房子呈东西向排列，门朝南，对面是学生宿舍楼，他们可以从楼上遥望这一溜"原始的小土屋"。

小屋里水泥地面已大半脱落，一年到头都是这里湿一片，那里湿一片；夏天，墙上的泥抠下来可以揉成团；墙皮成片掉落，斑驳难看。当时，我和同宿舍的王老师买来一块大花布钉在墙上，顿觉满屋生辉，花布宛如一幅印象派的画。

小屋里的家具就是两张小木床和两张废弃的课桌。这就是我和王老师的全部家当。可就是这点家当，我们却经常改变它们的排列方式。每调换一次，心情也随之改变。"要问生活苦不苦，关键是看咋调整。"想起那时自嘲的话语，感觉我们还是很有乐观主义精神的。

小屋里也种花。春天，我们把吃剩的白菜疙瘩泡在水里，它很快就绽放出娇艳的黄花。我们还把从老家带来的蒜去皮，用铁丝穿成圈浸于水中，它也照样给小屋带来绿意与生机。暮春，小屋门口也种两大簇地瓜花，整个夏天和秋天都有硕大凝重的花开放。记得那时一个学生告诉我："老师，我的复读生活是这样走过来的，晚上看你小屋里学习的灯光，白天看你门前的花。"为这两簇地瓜花，我曾专门写过一篇《夹门的花》的文章。

我就是在这间小屋里度过了自己的求索生活。那时年轻的心总不愿满足现状，于是我一边教书，一边自学考研。每年寒暑假，一溜小屋里就只剩我一个人。现在想来总有些后怕，那时的胆子可真大。因为小屋前后窗户的木头经年已朽，插销已不管用，窗户只能是虚掩着。门上的插销也是插不上的，晚上只用一根木棍把门顶上。

小屋装存了我年轻时的拼搏、进取、愁苦、失意。我总觉得小屋是一坛尘封的酒，总想启封去品吮，可又不愿轻易打开。

我忘不了1996年暑假那个大雨滂沱的夏夜。大概是夜里11点左右，我一个人正在电灯下看书，忽然一个炸雷响起，吓得我抱住脑袋缩成一团。那一夜，我在惊恐中睡去。早晨醒来，我听到小屋后有好多人在咋呼，赶忙跑出去一看，原来我是"大难不死"：屋后那棵粗大的梧桐树已被连根拔起，完完全全砸在了我的小屋上。

还记得那些寂寥的秋夜，我在灯下苦读，伴我的是蛐蛐啾啾的鸣叫。那啾啾声敲打着我的心，秋夜的寒意浸凉我的身骨，以至于这么多年过去，每每听到秋夜蛐蛐的叫声，我都觉得那叫声亲切得揪心。

我就这样努力地求索，用心教育自己的学生。记得那时有位老师说："你看这个小弭，过得多苦，又得教书，又得考研，还……，这是几根小绳子勒着她?!"那些年我一直在求索，但学业的追求终没有成功，恋爱也以分手告终，只是书教得还好，有一群爱我和我爱的学生。

承受了大大小小的打击，我没觉得自己是天底下最倒霉的人。这反倒练就了我达观的心性：任何一种生活都是自己选择的，没有谁来逼迫我，一切后果都得自己背负。

小屋没让我收获太多的欣喜，而是让我承受了不少失意。但正是在那间小屋里，我学会了淘洗自己，让心灵更加澄明。我时常这样想：当一种不幸已成为事实，那就接受它，生活里没有承受不了的苦与痛。我常对自己说：上天是觉得我能承受得起这些苦痛才给我的，它是想让我变得更加勇敢与顽强。

我的这些感悟，后来被一届届学生当成语录抄下来，他们以此来砥砺自己。学生能受一种精神濡染，我很幸福。

小屋给了我太多的记忆，尽管伤痛多于愉悦，但我忆起那间小屋的心情却是幸福与感激。

小屋是一坛老酒，生命里有了那间小屋，我的精神永远富有。

三、接受·承受

有时困难、挫折、灾难的到来让我们猝不及防、呼天抢地。但不管我们痛苦到何种程度，它来了，我们只能选择接受。

婆婆、公公煤气中毒的消息传来，我惊慌恐惧，手哆嗦到拨不出电话。急救室里的公公瞪着眼睛，直挺挺地躺着；婆婆双眼紧闭，也直挺挺地躺着。两个原本健康的老人一下子变成了这个样子，我难过到麻木，不敢相信眼前的这一切是真实的。

医生给他们做高压氧，我们期待奇迹发生。三次高压氧做完，公公的意识已非常清醒。做完一个星期的高压氧后，公公除走路还有些不稳，思维已完全正常。这让所有人感到庆幸。婆婆还在重症监护室，到第五天下午终于睁开眼了。尽管婆婆的眼睛只是偶尔眨巴一下，但大家还是惊喜无比。后来婆婆睁眼的次数多了，再后来眼里渐渐有了亮光。

看着已如正常人的公公，所有的家人都有了笑脸，都有了成就感。入院第十天的时候，婆婆出了重症监护室，和公公住进了同一间病房。见到完全是植物人的婆婆，公公开始变得话少，开始长吁短叹，开始绝望地摇头。他的话越来越少，到后来几乎不再说话，嘴里只有一句："白搭了。"

在这种绝望的情绪中，公公的病情开始反复，一天天坏下去，再到后来就变成了痴呆的样子。这本是在意料之中的，只是大家不愿意接受这个事实，因为入院时医生就明确地告诉我们，煤气中毒的病人病情容易反复，不要被好转的表象所迷惑。但当时我们确实无法想象已和病友谈笑风生的公公会突然间变成了痴呆的样子。医生的话理性到近乎冷漠，但事实却不幸被医生言中。公公的病情不是减轻而是愈加严重了。

看到痴呆的公公、植物人的婆婆，丈夫几乎挺不住了。他说："我们家发生的是汶川地震。"但挺不住也得挺，我们必须苦撑。我对丈夫说："不去想明天会怎样，先熬过今天。"我对自己说："熬过今天的一个钟点又一个钟点。等今天平安过去，我们就赢得了这一天。"

灾难来了，我们选择接受，接受了才能承受。不去想明天会怎样，熬过一个个今天，灾难就过去了。

语文教学"两大件"：阅读和作文

如果老师教会学生用心体验生活，用情感悟生命，用书籍丰盈心灵，学生一定会热爱生活、关爱生命、喜欢阅读，写出内涵丰富、感情真挚、语言优美的作文。

当孩子缺失了生活

一日，与学生鉴赏杜牧的诗《初冬夜饮》："淮阳多病偶求欢，客袖侵霜与烛盘。砌下梨花一堆雪，明年谁此凭阑干。"

问题：诗题为"初冬夜饮"，结合全诗，请分析诗人是怎样扣题的。

答案的部分内容："侵霜"与"初冬"暗合，"烛盘"点出了冬夜秉烛独饮。

学生希望自己能写出像标准答案一样的答案，老师期待学生写出的答案像标准答案一样完美。但希望、期待常常落空，老师埋怨，学生着急。老师说："答题技巧都已讲过，怎么记不住？"学生说："我记了那么多答题技巧，但用不上。"

考查古诗鉴赏是为了测试孩子们的诗歌鉴赏能力，但鉴赏能力不是光靠老师传授答题技巧就能获得的。鉴赏能力的获得需要孩子们有生活，有体验。诗歌表达的是诗人对生活的认识和感悟。孩子们缺少生活，缺少体验，只是躲在教室里听老师传授了一大堆答题技巧，这样阅读诗歌，自然不能与诗人产生情感共鸣。文学作品是源于生活的。生活是鉴赏之源，没有了生活，鉴赏就成了无源之水、无本之木。

现在，家长都非常重视对孩子进行早教，很多孩子从牙牙学语时，父母就教他们背诵"床前明月光，疑是地上霜"。"妈妈，什么是霜？"面对孩子的提问，妈妈是不是这样回答："上网查查。"有几个妈妈会等到下霜时，领着孩子去亲自瞧瞧、亲手摸摸呢？"霜"对孩子来说，只是网上的一张图片，一个空虚的概念。缺少对生活的观察、体验，长此以往，孩子的内心世界不可能丰盈、灵动、多彩。

孩子们缺少生活，缺少丰富的生活体验，缺少丰厚的生活积累，阅读诗歌等文学作品，做不到与作者共情，所以很难读懂作品。读不懂作品，自然答不好题目。同样，孩子们内心也没有表达的欲求，不喜欢写作文，更写不出好作文。

读不懂作品，写不好作文，根源是孩子缺少生活。请引导孩子观察生活、体验生活吧，我们要明白：生活是才是源头活水。

诗歌教学重在体悟

——暑期远程研修观课报告

　　观看了两节古典诗歌的教学视频，一节《念奴娇·赤壁怀古》，一节《桂枝香·金陵怀古》，再度引发了我的思考：诗歌教学究竟应该教什么、怎么教？是重在体悟还是重在技巧训练？

　　从两节课的教学来看，两位老师都重视了练，把诗歌鉴赏变成了诗歌答题训练。从高考的角度来看，诗歌鉴赏是以题目的形式进行考查，两位老师做到了怎么考怎么教。不仅这两位老师这样教，很多老师都这样教。

　　值得反思的是：我们教给了学生那么多答题技巧，学生依然读不懂诗歌，答不好题目。原因何在？我认为，答不好题目的根源不是答题技巧掌握得不好，而是对诗歌读不懂、悟不透。我们平时多注重技巧的讲练，因为这样的课堂常常被评价为注重落实，做得扎实。但学生的苦恼老师是否知晓：技巧讲了不少，记住了，但用不上。

　　我认为，诗歌教学重在体悟，不在技巧训练。即便是从考试的角度而言，最终想把题目答好，也必须注重体悟，因为体悟是前提、是基础。在平时的课堂教学中，"技"比较容易操作，"悟"不好操作；"技"只要落实，就有个"教学扎实"的"美评"，"悟"弄不好会落个"课堂显空"的"恶评"。所以，不少老师避难就易，避空就实。

　　如果老师不想办法在诗歌课堂教学上突破这一难题，学生的诗歌鉴赏能力就难以真正提高。

我们究竟应该怎样做呢？

首先，老师要引领学生进行广泛阅读，拓宽学生的"智力背景阅读"，让学生明白：想读懂一首诗，就要广泛全面地了解一个诗人、一个时代。没有"智力背景阅读"做底子，单靠干瘪瘦硬的答题技巧难以完成对一首诗歌的准确解读，更难以形成真正的诗歌鉴赏能力。

其次，老师要引领学生用心灵去体验、去感悟，让学生学会将自己的日常生活体验、情感体验迁移到对诗歌的体悟中来，真正进入角色和情境。读李白的诗自己就是李白，读杜甫的诗自己就是杜甫，要演谁是谁，充分"入戏"，让体验真实发生。诗歌是诗人以诗的方式抒写自己对生活的认识和感悟，所以读诗就需要用读者之体验意会诗人之体验。

要想真正提高学生的诗歌鉴赏能力，不能单靠一个个技巧，而要让学生大量阅读、广泛阅读；要丰富学生的生活，丰盈学生的情感体验。总之，一句话：广泛阅读，丰盈情感，注重体悟。这才是诗歌教学应有的样貌。

认识他人，认识自己

——谈小说阅读教学的终极意义

　　我们的课本上有小说单元教学，考卷上有小说阅读考查。小说阅读课上少不了分析人物形象这一环节，考卷上也少不了分析人物形象这类题目。为什么阅读课上要有这个教学环节，考卷上要有这类题目？

　　有人说，因为考试要考这个，所以我们就要教这个。考什么教什么，这是功利主义的语文教学。我们教的目的是为了考吗？我们应该思考：考试为什么要考这个？

　　小说是反映社会的一扇窗口。小说阅读教学，是在老师的引领指导下，让学生通过小说中的人物、故事，观察世间万象，体察世态人情。

　　老师通过分析小说中的人物形象，教会学生认识他人，识人心、懂人性，从而更好地认识自己。从某种意义上说，一个人活着就是要完成两件事：认识他人，认识自己。

　　人生的很多痛苦与不幸，往往是因识人不准，比如在婚姻里、在工作上。我们要教会学生客观公正地认识、评判他人和自己。知人者智，自知者明。小说阅读教学就是培养和锻炼学生这种能力的最好方式。

　　当学生能够更好地认识他人和自己时，他们就会拥有较强的社交能力，拥有和谐的人际关系，继而拥有幸福美好的人生。教会学生认识他人和自己，就是教给了他们获取幸福的能力。因为他们有了这种能力，无论将来遇到什么人、什么事，他们都不会跟他人、跟自己系上死扣，而是能经营幸福的家庭，成就美好的事业。

我认为，这才是老师指导学生阅读小说的终极意义。我们做语文老师，指导学生阅读小说，不单单是为了让学生考一个好的成绩，而是教会他们获取幸福的能力！

当老师懂得了这个道理，语文教学就会在"去功利化"的道路上迈出可喜的一步，我们的语文老师就会从"经师"向"人师"迈出可喜的一步。

怎样教孩子写作文

　　儿子三年级的时候，我去学校参加家长会。在家长自由提问阶段，大家的问题都指向了怎样写作文：孩子一写作文就犯愁，怎么办？孩子写作文光记流水账，怎么办？孩子写上几句话，就没什么可说的了，怎么办？

　　家长的提问此起彼伏，声音里有焦灼，目光里有期待。家长期待老师能给孩子一服灵丹妙药，孩子服下去，第二天写作文时就能像章丘墨泉的水一样汩汩流淌。面对那么多焦灼的家长，老师无力招架，只说了一句："作文这东西不好办，非一日之功。"家长的期待落了空，于是有家长提议："那就回去给孩子买《优秀作文选》吧。"这个提议得到了很多家长的附和，然后家长会散场。

　　小学三年级是写作的起始年级，这个时候老师不应做"甩手掌柜"，而应认真去指导孩子练习写作。

　　我想起了自己小学三年级初学写作时的情景。我小学三年级时的语文老师，没有高学历，不是科班出身，仅仅是个民办老师。但就是这样的老师却让我爱上了写作文。那时，老师教我们写观察日记。春天来了，她让我们观察：柳树几时长出嫩芽儿，什么形状，什么颜色；杏花几时开，开了什么样；桃花几时开，开了什么样；苹果花几时开，开了什么样；梨花几时开，开了什么样；梧桐花几时开，开了什么样；槐花几时开，开了什么样……我现在还清晰地记得我曾经写下这样的观察日记：

"槐花就要开时，含苞待放的花朵像一个个小斧头；梧桐花开时，像一个个挂在树上的小喇叭，花朵的颜色粉紫中有白，花蕊嫩黄……"现在想起这些文字，似乎还能闻到花儿的清香，还能闻到童年的味道。

仔细回想，那时语文老师究竟教给了我什么？她教我学会了观察，观察自然，观察四季的变化，让我拥有了一双善察的眼睛、一颗善感的心灵。通过观察，我感受到了自然的奇妙，幼小的心灵感受到了生活的斑斓美好。春看花开，挖荠菜；夏听蝉鸣，逮鱼虫；秋摘棉花，捉蟋蟀；冬打雪仗，乐开怀。在老师的引导和指导下，我爱上了观察，爱上了大自然。因为热爱大自然，我更加热爱生活。

语文老师告诉我要多读课外书。那时我家里条件不好，家中几乎没有带字的东西。学校的办学条件也极其有限，可不知当年语文老师是怎么筹措到了钱，给我们订了课外读物——《中国少年报》和《少年文艺》，现在我还能想起当年抱着这些课外读物津津有味阅读的样子。正是从《中国少年报》上，我知道了"知心姐姐信箱"。若干年后，我才知道那时的知心姐姐就是现在的卢勤大姐。感谢我的语文老师，在当时那样的办学条件下还给我们订了课外读物。

语文老师告诉我们要建立一个小本本，勤摘抄，积累好词好句。我还记得自己第一次从《中国少年报》上学到成语"旗开得胜，马到成功"时的激动心情。放学回家时，我把这两个成语默念了一路。我还记得《少年文艺》上那篇《我盼2000年》中的文字："那时钢花红，菜花黄……我们生活在科学的春天里。"

是语文老师在我学习写作的起始年级，培养了我爱观察、会观察的好习惯，让我拥有了一双善察的眼睛、一颗善感的心灵；是语文老师培养了我爱读书、会读书的好习惯，让我喜欢思考、热爱写作，且一直受益至今。

这些好习惯，才是孩子写作的源头活水，它需要从小培养，需要父母、老师做榜样。读书能让孩子具有悲悯的情怀，让他们的情感丰富。读书或许不能立竿见影地提高孩子的成绩，却能给孩子提供更多体验真善美的机会，丰盈他们的心灵。

从小培养孩子爱观察、爱读书的习惯很重要，从小培养孩子好好做人更重要，因为"生活即作文，作文即做人"。父母文化水平低，可以不辅导孩子的具体学科知识，但教孩子做人是不可推卸的责任。教孩子做人，不必端起架子讲什么大道理，只要从细节处入手，父母随时随地做榜样就行了。

怎样教孩子写作文？从小教孩子好好做人，让孩子养成爱观察、爱读书的好习惯，这是教给孩子写作的根，给孩子储备写作的源头活水。有了这些，孩子写起作文来一定会洋洋洒洒、下笔千言。

一道作文题引发的思考

最近，学生做了一份高考模拟试卷，试卷中作文给了两个题目，让学生任选一个进行写作，学生都写得非常成功。

题目一　请以"撑起一片天"为题，写一篇不少于800字的文章。自选角度，自定立意，除诗歌外文体不限，文体特征鲜明。

题目二　阅读下面的文字，根据要求写一篇不少于800字的作文。

那一墙蓬勃的爬山虎，那一架紫红的葡萄，田垄上那一株挺立的白杨，藕池里那一茎纯净的白莲，那玉米地，那红高粱，甚至老屋前的榆槐，门扉上褪色的对联……或许会引起你的一串故事，一阵遐想，一种深味与思考。

请以"我与_____"为题作文，空白处填写一种植物或客观物件。自选角度，自定立意，除诗歌外文体不限，文体特征鲜明。

本次作文的成功之处表现在：无论选择哪个题目，学生在写作时都做到了有话可说，都能说真话、抒真情，避免了假大空、编拼凑。

从选择题目一的学生作文中，我读到了学生心理的成长、思想的成熟，他们已经有了较强的责任感和感恩意识。比如有同学在作文中写道："我参加了十八岁成人礼，这意味着我已经长大，已经由一个男孩子成长为一名男子汉。长大意味着心理的成长，思想的成熟。从此，凡事我不能再仰仗父母，我要勇敢、独立地为自己撑起一片天空。在这片天空下，我要拼搏进取，让父母享受一份欣慰、自豪和幸福。我要感谢多年来父母为我撑起的那片天。在那片天空下，我享受到了温暖的呵护和关爱。现在是我为父母撑起一片天的时候了。"

读这样的文字，老师能不感动、能不欣慰?! 用这样的文字抒写成长的心声，能不打动阅卷老师的心?! 这就是"真"，"真"能温暖人心，"真"能撼动人心。

从选择题目二的学生作文中，我读出了学生内心世界的丰盈。那些一度龟缩到壳里的性灵的触角，被快乐地牵引出来。学生起的题目有："我与那片油菜花""我与那株香椿树""我与故乡的老槐""我与那株断茎的月季""我与茶""我与那扇红门""我与那条小溪"……

从学生的文章中，我读出了学生的真性情，那些流淌出的情感自然、真率，有对故乡的眷恋，有对亲情的感怀，有对童年的追忆，有对生活的思考……

学生真善美的性灵没有泯灭，很多时候只是受到挤压，被迫龟缩到壳里去了。但一个好的作文题却能牵引出学生性灵的触角，让他们的情绪得到最美的释放，让他们对生活的思考得到最真实的表达。

2009 年岁末，我给学生出了一道作文题：请以"写在岁末"为副标题，自拟正标题，写一篇不少于 800 字的作文。那次作文，学生也写得非常成功。我当时写下了这样的感言："这个作文题实现了由'要我写'到'我要写'的转变，实现了'吾手写吾心'。同学们的作文是从心底里流淌出来的，不滞不涩、生动感人。"

什么样的作文题是好题目？能让学生产生"我要写"的强烈欲望，实现"吾手写吾心"，能让他们的情绪得到最美的释放，能让他们对生活的思考得到最真实的表达，这样的作文题就是好题目。

作文要写出"二真"

——作文阅卷心得

本次考试我阅了 500 多份作文。

阅卷的总体感受是：学生的作文，审题正确，行文结构也有整体提升。这样，学生下一步的努力方向应是写出"二真"——真情实感，真知灼见。这是学生作文中所欠缺的东西。大部分学生的作文只见瘦硬的骨架，不见丰满的血肉。老师读不到学生的肺腑真情，读不到学生的独立见解。学生像是永远站在文章之外，絮叨着别人的故事。写作时，如果作者的心灵不能真正参与其中，笔下的文字不可能生动、感人、深刻。

作文不是只有写发生在自己身上的事情时才能写出真情实感，写别人的故事，同样可以真实感人，因为感情是自己的，见解也是自己的。

在叙写他人的故事时，要把自己的感情倾注进去，包括自己的感动、敬服、仰慕、愤懑、痛恨、鄙视……这样写出来的文章就变成了饱含着感情从心灵中流淌出来的东西，而不是时断时续、不痛不痒硬挤出来的东西。这样的文字才不会干瘪，而是血肉丰满、生动准确、深刻感人。

俞敏洪说："当你做一件事情能感动自己的时候，一定会感动上天。"当写一篇作文能感动自己的时候，一定能感动阅卷人。作文要写出"二真"，用真情实感去打动阅卷人，用真知灼见去撼动阅卷人。

读书与作文

——写在高考阅卷之后

　　高考阅卷已结束了不少时日，但每每想起自己阅过的那好几千份作文试卷，内心依然如酷暑天开车，偏又遇到堵车，心里不爽。

　　好几千份作文试卷，考生阐发的观点或相同、或相似，让人眼前一亮的观点太少了；使用的论证材料虽涉及古今中外，但大多已被用滥，没有翻出什么新意；人物事例无非是屈原、司马迁、陶渊明、李白、苏轼、爱迪生、暴走妈妈、李灵等，几乎看不到更鲜活的材料，也看不到对材料的个性化解读。好几千份作文，有这样的共同特征：材料趋同，认识肤浅，语言幼稚，情感干瘪。

　　阅卷老师都感慨：平时看自己学生的作文是这种情形，没想到看全省学生的作文也是这样。情况为什么如此普遍呢？试想一下：全省的考生中，究竟还有多少孩子除学习语文课本外，还在阅读课外书？还在阅读经典作品？甚或有多少孩子除阅读休闲杂志外还在阅读整本的纸质书？有多少孩子认为读书就是为了考试时作文得高分？有多少家长和老师认为读书倘若不能立马用到考试作文中就是浪费时间，就是读闲书？我们的学生会用自己的心灵找寻可读的书籍吗？他们阅读时能用自己的心灵阅读、用自己的大脑思考吗？

　　阅读只为有用，只为考试；阅读时不用情用脑，不与作者进行心灵对话。如此阅读，孩子的心灵就不会丰盈，思想就不会成熟，常常表现出幼稚、肤浅、庸俗、狭隘。

倘若读书的目的只为写好一篇考场作文，这么单一功利的目的势必会影响孩子对读物的选择，也会造成孩子在阅读时更多地去关注写作技巧方面的东西，很难体会到读书的快乐与美好。

用心去阅读，让书籍丰盈自己的心灵；读他人的书，用自己的大脑去思考，不让大脑仅仅成为汉字的储存柜；让每一次阅读如赴一场精神的盛宴。如此阅读，才能变成心灵的富翁。

最后，我想把我读到的一段文字送给大家："我相信，在这个世界上，无数诚实的灵魂在相互找寻，相互渴望在宁静的夜里倾听对方的声音，无数次甘于沉迷，甘于在那些真诚的灵魂与文字面前把完全真实的自己交出。我也常常被击中，被慰藉，被温暖的感觉包围，多少次在心里大声呼喊：'这就是你吗？这就是你啊！'一旦找到了你，我就义无反顾地奔向你。那是暗夜里的一抹星光，是冬日的艳阳洒在洁白的雪地上。我迷恋这种风景，不能抗拒这种渴望。这些年我正是怀着这种深深的迷恋与渴望，一直在这样读着。"

我多么希望我们的孩子也能这样读着，而不是从小学三年级起就只读优秀作文选。我多么希望我们的孩子不是功利地读书，而是在这样的基础上做一个好读书、读书多的人。用自己的心灵阅读，用自己的大脑思考！这样的阅读，才能真正丰盈孩子的心灵，启迪孩子的智慧，老师才能在考场作文中见到丰富多彩的美。

学生写作为什么逻辑思维欠缺

在暑期远程研修中，我看了关于"学生写作逻辑思维欠缺、写作立纲起草问题"的讨论的视频。高中生的议论文写作问题，的确值得反思。

作为高中生，按理应该能够完成规范的议论文写作，但学生议论文写作的实际情况却是：观点明确、思路清晰的文章不多见，逻辑严密、论证深刻、酣畅淋漓的文章更是罕见。

学生的议论文常常是这样的：开头表述观点——语言啰唆者多，言简意赅者少；中间论证部分——有理有据分析说理的少，罗列事例的多；结尾重申观点——照抄开头的多，会小结的少。

常听到学生表达他们的写作困惑：写一篇议论文，即便审题立意没有障碍，写够 800 字也感觉困难。提出观点之后，不知道如何说理。要么想起什么写什么，凑够 800 字了事；要么绕来绕去，原地打转；要么狂举事例，不会说理例子凑。由此可见，学生的逻辑思维能力的确欠缺。

这一现状的存在是否该完全归咎于语文教学？

孩子不喜欢读书，没有时间读书，谈什么语言表达，谈什么逻辑思维！老师不读书，父母不读书，能为孩子营造怎样的阅读氛围？孩子身边缺少热爱阅读的榜样，没有养成良好的阅读习惯，没有大量的阅读实践积累，他们的表达能力可想而知。语言是思维的物质外壳，表达能力不强、逻辑思维欠缺也就可以理解了。

孩子们平时看影视节目，也往往喜欢引人发笑而不引人深思的轻松娱乐型的节目，即便是纸书阅读，也多喜欢消遣类的读物。

倘若我们不创设更多逻辑思维的情境，学生养不成逻辑思维的习惯，即便是有了立纲起草的作文技能训练，学生写作的逻辑思维能力又能提高多少呢？

一种好习惯就是一种能力

——谈语文阅读习惯的养成

高一实验班入学第一天的第一节课，我给学生下发了一篇 700 字左右的文章《冬日里的花香》，让他们阅读，并没给他们提任何阅读要求。我想测测这些优秀学生的阅读习惯如何。

学生阅读，我巡视。不少学生将两只胳膊抱在胸前，面无表情，拿眼睛溜方块汉字。大部分学生不到 5 分钟就读完了。我仔细点数，全班只有 5 个学生在文章上做了"圈点勾画"，留下了阅读痕迹。

他们都是中考成绩非常不错的学生，没想到阅读习惯是这样！没有良好的阅读习惯，怎能有强大的学习能力？一种好习惯就是一种能力！

在语文学习中，必须养成"圈点勾画做批注，不动笔墨不读书"的阅读习惯。

我告诉学生：读书不是拿眼睛溜方块汉字，需要心灵和大脑一齐参与。有了心灵的参与，才能体验作者和文本中人物的喜怒哀乐，做到"入戏"，从而产生情感共鸣；有了大脑的参与，做到阅读的同时能够思考，才能有所领悟。只有这样读书，才能体会到文章的佳妙、读书的快乐。

我让学生拿起笔来，启动自己的心灵和大脑，做到"圈点勾画做批注，不动笔墨不读书"。我先让学生边读边"圈点勾画"文中重要的词语、句子，练习"提取读"。在此基础上，引导学生对"圈点勾画"的内容进行思考：写了什么、表达了什么、怎么写的、为什么这样写、我怎么看，并及时在文章空白处做批注，进行"批注读"。最后，在师生间、生生间进行对话交流，实现"沙龙读"。

圈点勾画——提取读，思考评价——批注读，交流对话——沙龙读。长期这样坚持，学生必能养成良好的阅读习惯，提升自己的阅读能力和学习能力，就像苏霍姆林斯基所讲的那样：学生的智力发展取决于良好的阅读能力。

话说"然后"

经常在电视中看到被采访的年轻人，三五分钟的讲话，就有好多个"然后"在嘴中搅拌。

我很纳闷，现在的年轻人讲话，为什么会高频使用这个不起眼的"然后"呢？难道是语义转折的需要？可不长的讲话也用不着这么多的转折啊！是表达的需要？如果我们的表达离了"然后"就无法进行，那岂不可笑！

为什么要说那么多"然后"呢？我想是为了掩盖表达的困难吧。因为词汇贫乏，使表达不能简洁明了；因为逻辑思维欠缺，使表达不能清晰流畅，无奈之下，只好借"然后"加以连缀，完成一次次蹩脚的讲话。

为什么会出现这种情形呢？会不会跟这一代年轻人从小学到中学阅读量严重不足有关系呢？他们从小没少上语文课，没少考试，但有阅读兴趣、阅读习惯的不多。阅读是孩子精神成长的蜜水，孩子喝了它才能长得聪慧，才能善于表达、思路清晰、思想深刻。所以，不能再忽视孩子的阅读了。小学、中学正是培养孩子阅读兴趣、阅读习惯的最佳时机，错过了再补就难了。不爱好阅读的孩子，日后的学习能力也不会很强。阅读量的严重不足已经让好多孩子表现出口语交际能力的欠缺，他们的书面表达能力会是什么样子同样可以想见。

孩子可以少考几次试，但不能不读书，不然他们连说话都成问题，会成为上过学、识了字、有了文化的"结巴"，"然后，然后……"

然后，我实在无话可说。

第四辑

自主体悟，幸福爆棚

　　自主体悟式活动课堂，是老师大胆放手、学生自主体验的高效课堂、幸福课堂，这种课堂的精彩课例，值得回味，值得珍藏。

结缘角色课堂

　　我与角色课堂的结缘历经了寻觅、相识、相恋的苦乐历程。2010 年 9 月，我在梁恕俭老师的博客中看到了河北固安英才中学何志杰校长的角色理论及角色课堂，初遇时的那份激动与兴奋令我至今难以忘怀。

　　理想的课堂教学模式究竟是什么样子，多年来我一直在探索、在找寻。这些年来，语文课堂教学改革理论层出不穷，课堂教学模式也不断翻新，可总让人感觉不少改革只是教学技术和手段的革新，没有太多令人心动的感觉。我于茫茫"人海"中孤独地找寻，不断在头脑中憧憬、勾勒"意中人"的样子，探索着、找寻着。

　　随着新课程的实施，自主合作探究的思想早已深入人心，课堂上"老师满堂讲、学生满堂听"的局面早已被打破，合作探究已是课堂上的常见风景，只是这种自主合作探究更多地体现在课堂教学的某个环节中，即小组合作讨论一次或几次。这样的课堂并没有实现学生学习的真正自主，学生自主学习的习惯没有真正培养起来，学习潜力没有得到更大限度的开掘和利用，这样就有可能用进废退。学生体会不到自己探索学习的真正乐趣，学习的自信心很难真正建立起来。长此以往，一群鲜活的生命，就会耐不住课堂学习长期的单调与乏味而产生厌学情绪。在课堂上学习知识本应是一件快乐的事情，而现实情况却是，学习常常成了让学生生厌的苦差事！究竟应该如何经营我们的课堂，才能让学生在课堂上学得兴味盎然呢？

　　遇见角色课堂前，我一直进行活动型课堂教学的探索实践。2009 年

5月，我写下这样的教学反思："伴随人的成长，每个人在生活中的角色都会日渐多元。每种角色都有它特定的责任和义务。正是在多元的角色担当中，每个人的人生才变得丰富而有意义。由此我想到：如果在学生的学习中，也能让他们进行多种角色担当，是不是会锻炼、提升他们的多种能力，从而使他们的语文学习变得丰富、生动、有趣呢？"我思考着、探索着。

我一路思考，一路探索，一路找寻，直到2010年9月遇到何志杰校长的角色理论及角色课堂。我如遇知音，终于找到了自己的"意中人"。这个漫长的结缘过程如同王国维先生所讲的治学三境界："昨夜西风凋碧树，独上高楼，望尽天涯路；衣带渐宽终不悔，为伊消得人憔悴；众里寻他千百度，蓦然回首，那人却在灯火阑珊处。"先前，我是在黑暗中摸索；现在，我终于为自己的教学实践找到了正确的理论支撑，怎能不让我击节赞赏、激动兴奋?！

我激动地写下这样的教育感言："角色课堂改革，是真正意义上的教改，是换血的教改，而不只是皮相上的修复……"

我向学生精要介绍了何志杰校长的角色理论及角色课堂，没想到学生听后也群情激昂，坚决支持我进行课改实践。我怀着得遇知音的激动心情和"得天下英才而教之"的自豪心情，做了《沁园春·长沙》角色课堂教学设计，进行了第一次角色课堂教学的尝试。没想到，我第一次尝试就大获全胜，赢得满堂彩。每个角色准备时都全情投入，每个角色展演时都异彩纷呈，角色课堂是生机勃勃、精彩无限的课堂！

课堂教学实践，有了先进的理论做支撑，就会产生巨大的课堂效益，理论变成了生产力。这是我由衷的感慨。

感谢梁恕俭老师，是他让我遇见了角色理论及角色课堂；感谢何志杰校长，是他创立了角色理论及角色课堂。我认真学习角色理论，积极实践角色课堂。2013年6月，在由中国课改名校联盟主办，于山东诸城举行的"中国课改节"说课大赛上，我的《沁园春·长沙》角色课堂说课，深得评委赏识，获得了第一名的好成绩。

由当初结缘角色课堂，到现在持续进行实践探索，我和我的学生恋上了角色课堂。我们正在努力打造属于我们自己的特色语文角色课堂！

自主体悟式活动课堂

在对语文课堂教学的持续探索实践中，我越来越感觉一个语文素养好的学生不单单是记忆力好、表达力好，更重要的是体悟能力强。体悟能力不能移植，不能由他人代替，不能通过老师的传授、灌输而获得，学生只有在学习活动中亲自体验、亲自感受，方可获得。

回看几十年来的语文教学改革，课改出品人可谓多矣，课改名堂可谓繁矣，课改速度可谓快矣。但改革大多着眼于教学形式的变革，至于学生的内心体验究竟是怎样的（比如，在课堂上，学生的眼神是灵光闪闪还是呆滞漠然，学生的表情是兴致勃勃还是一脸倦容，学生的心灵是被深深触动还是麻木不仁），人们还关注得太少。

2010 年 9 月，我遇到了河北固安英才中学何志杰校长的角色课堂，欣喜之情至今不能忘怀；2014 年岁末，我读到了江苏省锡山高级中学唐江澎校长的《唐江澎与体悟教学》一书，再一次经历了"心动时刻"，禁不住感慨道："寻寻觅觅，佳人又至！"

唐校长在书中写道，语文教育应该增强体验式学习，关注学生的精神发育与情感丰满，让学生沉浸于艺术与文学美之中，通过美的体验、感受、表达与创造，培养出有激情、有美感、有创意的生活者。这使我更深切地认识到：语文课堂教学应关注学生的内心体验，注重学生自主体悟能力的培养和提升。

这些年，我一直在进行自主体悟式活动课堂的教学实践，积累了大量的教学案例，但常因没有明确具体的理论依据，在自己的实践中缺乏底气。看了唐校长的体悟教学理论，我终于为自己的实践找到了理论依据。唐校长的体悟教学理论，犹如一盏心灵明灯，指引我更坚定、更自信地去进行自主体悟式活动课堂的教学实践。

一、什么是自主体悟式活动课堂

自主体悟式活动课堂，就是在语文教学中，教师根据学习内容的具体特点，结合学生的年龄、兴趣、知识基础、能力层级以及学生学习特定时段的外部客观环境和主观心理环境等，把学习内容转化成具体的、可操作的学习活动，使学生对学习内容产生浓厚的兴趣，在活动中主动参与、自主体验、交流对话，把自己已有的经验（生活体验、学习体验等）与当前的学习活动结合起来，使学习真正变成学习知识、探索真理的过程体验，实现让学生自己去体验、去感受、去领悟、去表达、去创造的课堂。

自主体悟式活动课堂就是教师大胆放手、学生自主体验的课堂。课堂上，给学生一个问题，让他们自己去分析；给学生一个对手，让他们自己去竞争；给学生一个机会，让他们自己去抓住；给学生一段时间，让他们自己去安排；给学生一个空间，让他们自己去创造。总之，自主体悟式活动课堂就是让学生体会到整个课堂活动是他们自己的事情！

我的课堂我做主！

二、自主体悟式活动课堂的情感基础

教学的本质是师生间的交往。师生间的交往实质上是教师人格精神和学生人格精神在教育情境中的相遇相知。陶行知先生讲："真教育是心心相印的活动。"

自主体悟式活动课堂的生长需要有情感基础。那就是师生间必须建立民主平等的对话关系。没有这样一片温润的土壤，自主体悟式活动课堂就难以存活生长。

建立对话关系，需要教师满怀爱心和童心，向学生敞现爱与真。需要教师尊重学生的基础和个性，承认差异，接受差异，尊重差异。需要教师相信学生的能力和潜质，对学生满怀信任和期待，让学生感受到老师对他们深切的尊重和信赖。需要教师尊重学生的思想自由，允许学生发表己见，表达分歧；允许学生挑战教师和权威，质疑教材和教参。需要教师学会宽容，正确对待学生的个性、误解和错误。需要教师学会妥协，向学生妥协，向真理投降。

总之，建立对话关系要求教师把学生当成成长中的人来看，尊重学生、信任学生，让学生沐浴在真诚、友好、民主、平等、宽博、大气的课堂氛围中。

只有建立了这样的对话关系，学生在课堂上才会有一种心理安全感，学生的心灵才是自由而不压抑的，心情才是放松而不紧张的。学生才能敢思考、会思考，有思想、有创见，有蓬勃的生命力和旺盛的创造力。

师生间建立起和谐的对话关系，自主体悟式活动课堂上才会有最生动的风景。

三、自主体悟式活动课堂的实施条件

要实践自主体悟式活动课堂，教师必须具有民主平等的人文情怀，倡导教学民主，尊重学生，信任学生，欣赏学生。

尊重学生就是尊重学生的人格和尊严，给予学生独立思考和言说的权利，这样才能培养、锻炼学生的能力。

信任学生，就是教师相信学生具有独立思考和探究合作的能力。当学生感知到教师的信任是发自肺腑时，他们的自主学习态度就会超乎寻常地认真，探究合作的热情就会异乎寻常地高涨。这样，学生创造的触角一定会得到快乐的牵引，从而迸发出无穷的创造力。

欣赏学生，就是教师自身要自信、宽博、谦逊，以欣赏的眼光看待每一个学生，寻找他们身上的闪光点。

四、自主体悟式活动课堂的实施策略

要实施自主体悟式活动课堂，就要采取"三真二多"的教学策略：真人对话、真正参与、真实表达，多重体验、多元评价。

在自主体悟式活动课堂上，师生需要进行"真人"对话。教师要把学生当"人"看，要认识到学生是现代社会中有发展潜力的、有旺盛生命力的、有特殊心理情感需求的、身心不断成长的真实的人。既然是成长中的真实的人，就不可能不犯错。因此，教师要允许学生犯错，给他们试错权。教师也要把自己当"人"看，在课堂上真诚地敞现自己的生活经验、学习经验、情感体验等，这是每一位语文教师的"真人"元素。语文教师不要让学生把自己当成可敬畏的"神"，而是要当成可亲近的"人"。这样，课堂气氛就会轻松安全，学生就会真正参与到学习活动中，而不是被动敷衍。由此，学生的思维才能灵动活跃，才敢讲真话，才能真正培养其语文的核心素养：语言的建构与运用，思维的发展与提升。

在这样的课堂上，学生会获得多重体验，教师也要进行多元评价。由此，学生的心灵才会获得自然、健康、丰润的滋养。

五、自主体悟式活动课堂的实施步骤

自主体悟式活动课堂的实施步骤是：布设活动任务（教师）—自主体悟（学生）—交流展示（学生）—反思总结（师生）。

布设活动任务：教师布设活动任务要有匠心；题目要有探究价值，能激起学生的探究欲望；任务内容表述要简明、准确。

自主体悟：自主体悟要有具体的活动步骤和要求，一般采用个人自悟与小组学习伙伴合作自悟相结合的方式。

交流展示：个人学习成果或小组合作学习成果交流展示。

反思总结：活动结束后，师生共写活动感言，发在博客（教师的、学生的或班级的）上。

六、自主体悟式活动课堂的境界追求

课堂的活跃不只是在那热闹的氛围里，而是在你看我的眼神里，在你和我澎湃的内心里；知识不再是静处在书本里，而是在你和我的语言交锋里，在你和我的思维碰撞里。

小试牛刀，满堂彩

——《沁园春·长沙》教学课例

一、何志杰校长的角色理论及角色课堂简介

角色课堂是把学习内容和学习形式角色化，即由接受式学习转变为探究式学习。角色课堂的四个步骤是：选择角色切入、提炼角色观点、构建角色支撑、进行角色展演。

角色课堂要求教师做到"四凡四不"：凡是学生自己能学会的，教师不教；凡是学生自己能探究的，教师不导；凡是学生自己能做出的，教师不启；凡是学生自己能说出的，教师不讲。

角色课堂改革的关键是：改变教师的教学方式和学生的学习流程，由先教后学改为先学后教，由教师致力于"讲"改为致力于"导"；改变学生的学习方式，由被动学习变为主动求知；改变学生的生命状态，由萎靡不振、得过且过变为激情澎湃、昂扬奋进。

二、角色课堂教学环节设计及具体要求

根据自己对角色课堂的理解，本着易于学生理解与操作的意图，设计以下教学环节：角色设定（教师）—角色选取（学生）—角色准备

（学生）—角色展示（学生）—角色赏评（师生）。

角色设定：

（1）我是背景知识介绍人：介绍作者、写作背景，学习"知人论世"法。

要求：对所介绍的内容进行精心选择，去粗取精、去伪存真，使介绍的内容有价值、有意义、有品位。

（2）我是专业朗读者：朗读诗词，要求普通话标准，声情并茂。

（3）我是诗词鉴赏家：阅读上阕，着重鉴赏写景部分"意象"与"意境"的关系、炼字及词风。

（4）我是思想评论员：阅读上阕中的抒情议论句和下阕，对词作中表现出的词人的思想情怀予以评说；联系当下的社会现实及自身实际，阐发我们要从毛泽东身上学习的东西。

要求：选取该角色的小组，小组成员人人都要进行书面文稿写作（字数不限），完成后先在组内展读，由大家推选出优秀稿件，然后组内人员一起对该稿件进行加工润色，再在课堂上展读。

（5）我是课文背诵高手：课文背诵，我为你支招。

（6）我是特邀点评嘉宾：点评嘉宾有话要说。

要求：用"我要赞美你""我给你的建议"等这样的句式进行评价，目的是训练学生语言表达的得体性，让语言表达能力做到"功夫在平时"。

角色选取：以学习小组为单位，对角色进行自由选取，角色（6）人人（师生）都可选取。在角色选取上，适合自己的才是最好的，希望大家做富有挑战性的选择。

角色准备：各学习小组根据选定的角色做认真充分的准备。

角色展示：期待富有创意的展示。

角色赏评：点评嘉宾有话要说。

课堂流程：按（1）至（5）的角色顺序进行，展示完毕后，由角色（6）进行赏评。

三、预设备课

按预设的角色顺序进行备课：

（1）我是背景知识介绍人：介绍作者和写作背景。（若有两组以上选取该角色，可以从以下几个方面进行小组比赛：知识的丰富性，思维的条理性，语言表达的简洁、准确、生动等。）

①16 岁立志诗："孩儿立志出乡关，学不成名誓不还。埋骨何须桑梓地，人生无处不青山。"②湖南第一师范学院："三不谈"。③推荐学生看电视剧《恰同学少年》。④推荐余秋雨的《千年庭院》。

（2）我是专业朗读者：朗读诗词，要求普通话标准，声情并茂。（若有两组以上选取该角色，各组推荐优秀选手展开比赛。）

（3）我是诗词鉴赏家：阅读上阕，着重鉴赏写景部分"意象"与"意境"的关系、炼字及词风。

意象的择取、组合及排列顺序，意象与意境的关系：万山（红遍），层林（尽染）；漫江（碧透），百舸（争流）。

鉴赏炼字（换字法）：鹰击（飞）长空，鱼翔（游）浅底。

词风评价：境界壮阔、豪迈大气。

（4）我是思想评论员：阅读上阕中的抒情议论句和下阕，对词作中表现出的词人的思想情怀予以评说；联系当下的社会现实及自身实际，阐发我们要从毛泽东身上学习的东西。

学习情怀美：社会责任感，理想志趣，胸襟气魄，意志信念，领袖气质（责任担当、服务意识、组织协调能力等）。

（5）我是课文背诵高手：课文背诵，我为你支招。

机械记忆法 + 理解记忆法。机械记忆法：反复是最好的记忆方法。理解记忆法：逻辑思路梳理记忆法 + 想象记忆法（把自己想象成诗人，对画面进行想象）。

四、教学反思

角色课堂，大大激发了学生学习的内驱力，真正实现了让学生由被动学习转为主动求知，学生的生命状态大为改观——跃跃欲试、不甘人后、激情澎湃、昂扬奋进。在学习过程中，师生共享思维的碰撞、智慧的灵动和生命的蓬勃，二者在教学相长中享受课堂、享受语文、享受幸福人生。

角色课堂，入戏展演

——《再别康桥》教学课例

一、角色课堂教学设计

教学环节：角色设定（老师）—角色选取（学生）—角色准备（学生）—角色展示（学生）。

角色设定：（1）我是背景知识介绍人。（2）我是专业朗读者。（3）我是诗词鉴赏家。（4）我是情感分析师。（5）我是特邀点评嘉宾。

角色选取：以学习小组为单位，对角色进行自由选取，角色（5）人人（师生）都可选取。在角色选取上，适合自己的才是最好的，希望大家做富有挑战性的选择。

角色准备：各学习小组根据选定的角色进行充分准备。

角色展示：期待富有创意的展示。

课堂流程：按（1）至（4）的角色顺序进行，角色（5）在每个角色展示结束后进行点评。

二、角色课堂实操例说

角色选取：当我把角色课堂的教学流程展示给学生后，学生非常兴奋，跃跃欲试。各学习小组的备课组长最先进入角色，与大家商量角色的选取。他们非常认真地考虑各个组员的基础、能力、特长等，想尽量做到所选角色能让全体组员的聪明才智都得以发挥。在角色选取过程中，他们也学会了适当妥协和让步。各组很快选取确定了本组的角色。

各个小组角色的选取有时会出现重合现象，这正好可以展开比赛，培养学生的上进心和集体荣誉感。

比如，这次四个组选取了"我是背景知识介绍人"这一角色，由此我提出了新的要求：各组的展示不能重复。这就给各小组的准备增加了难度，尤其是排在后面展示的小组。但令我没想到的是，各小组的展示不仅不重复，还异彩纷呈！

当然，有时也会出现某个角色无人选取的情况，这时老师千万不要埋怨、嘲讽学生知难而退、避难就易，要理解学生、尊重学生，保护学生的自尊心。师生本着相互尊重、相互信任的原则，方可营造民主、平等、和谐的课堂氛围，这样大家才能快乐地学习，幸福地学习。这样老师才能了解真实的学情，如学生的知识基础、能力层级、心理状态等，才能做到"四凡四不"。

学生不选的角色，就由老师来担当。此时学生的听讲就不再是消极的被动接受，而是积极的主动获取。此时老师是一个平等的角色参与者，只是演了一个难演的角色而已。这样师生间就会进入一种互相欣赏、互相佩服的境界，课堂45分钟的经历也成了快乐、和谐的幸福之旅。

角色准备：以角色（1）"我是背景知识介绍人"为例。

这一角色负责介绍作者、写作背景等，要对所介绍的内容进行精心选择，使其有价值、有品位。

组员在备课组长的带领下，马上进入角色备课状态，有的负责查找资料，有的进行资料的汇总筛选，有的为展示做准备。大家各司其职，各尽所能，学得不亦乐乎。

这一准备过程培养了学生进行资料搜集整理、提炼概括的能力，学生实现了自主学习和同伴互助的自主体悟式学习。

三、美好课堂，永久珍藏

课后，师生共写，记录从角色选取到角色展示中有意思、有意义的细节、故事、心得等，即用文字记录美好课堂，永久珍藏。

1. 赵子萱组

角色选取：我是背景知识介绍人。

> 演练并举，成竹在胸，敢问逐鹿群雄，英雄今何在？全组同心，协力攻关，笑看燕赵魁首谁人得？

> ——题记

三组的五位同学在经过精心备战后即将正式登台展示，可就在这激动人心的时刻，一个挑战却来了：老师要求我们不能重复前面几组同学所讲的内容。非常不幸的是，我们组准备的资料与一组的重复了。果然是"战场"形势瞬息万变啊！但我们坚信：激流勇进，乘风踏浪，沧海搏击，傲视群雄，飞鞭催马，痛饮黄龙美酒。因此，我们迅速改变了"作战"计划。

经过一番修改调整，我们开始上台展示。

首先出场的是主持人王瑞川。他简单致辞后，宫承坤朗读课堂导语："康桥宁静、优美，夕照与波光在默契中不期而遇了……"诗一般的导语，引发了同学们的无限遐想。

接下来李奉宇做背景介绍。他介绍了徐志摩的生平经历，还发表了评论："情感的孤独与美景的融合，个性的追求与现实的困顿……"在他的介绍下，同学们对徐志摩有了深入了解。

组长赵子萱给大家补充了徐志摩关于"康桥"的很多诗文，开阔了大家的视野。赵子萱还特意安排袭荣娇对《我所知道的康桥》进行诵读、分析，这是我们组长的创新，也成为我们组的一大特色。我们组的介绍没有拘泥于本课，而是带领同学们进入另一个文学殿堂，让同学们了解了作者的其他诗文，更充分地了解了徐志摩的"康桥情结"以及他的诗歌的特点。

小组自我评价：复杂的事我们简单做了，简单的事我们认真做了，认真的事我们重复做了，重复的事我们创造性地做了，所以我们很有收获！

弭老师评：每组的背景介绍都有可圈可点之处，各具特色，异彩纷呈。赵子萱组很优秀：该组的背景知识介绍为同学们理解本诗提供了"智力背景阅读"，为解读诗歌营造了很好的气氛；文稿写得很具特色，前有题记，后有自我评价，且自我评价写得超级棒！

2. 李光泽组

角色选取：我是背景知识介绍人。

时间从指缝间悄悄溜过，《再别康桥》角色课堂在意犹未尽中结束了。我们不仅用相机拍摄了课堂上迷人的风景，亦用文字记录了短暂却令人回味无穷的角色课堂。

角色分工：

主持人：李光泽；总参谋：杨梦琪；序言撰写：张心禾；背景介绍：李骏宸；精要板书：王丹宇；资料搜集：贾艾华、徐文浚、高菲。

课堂感言：

李光泽：

语文学习不仅是与文字的沟通，更是心灵的触动。用心欣赏，是我们步入高中后语文学习的最大收获。我们的弭老师用她的课堂向我们诠释了语文是美好的，"她"值得去欣赏。

角色课堂无疑是最好的学习方式。学生分角色讲课，在别人看来或许是不靠谱的，但结果却是学生把课讲得异常精彩。每一位组员都非常努力，准备过程中我们真的学到很多很多，是其他任何课堂都无法学到的。我们不仅学会了搜集、整理知识，还学会了展示自己、挑战自己、包容他人、理解他人等等。有很多家长和老师认为，我们在学校只是学习知识，他们把我们的成长片面地理解为"只要学习好就一切都好"。角色课堂却完全将这种错误思想丢掉，它让我们得到全方位的锻炼，我为能在这样的课堂上学习感到幸运。

我们组选择的是"我是背景知识介绍人"这一角色，我没想到竟有四个组选了这一角色，更没想到我们组竟是最后一个展示。要知道，做一个完美的收场不是一件简单的事情。

第一组表现十分出色，他们采用"跨界"的形式给我们充分介绍了《再别康桥》的背景与情感。

第二组用话剧表演的形式吸引了同学们的眼球，并用 PPT 给我们生动形象地介绍了背景，让人有身临其境之感，使同学们既了解了背景，也更了解了徐志摩其人。

第三组临上场时，老师加了个条件：其他组介绍过的背景不能再重复。这不仅给第三组同时也给我们组增添了巨大的压力，可第三组的同学临危不惧，镇定调整，最终依然完成得非常漂亮。

前面三个组都已展示完毕，只剩下我们最后一组在黯然神伤。关于背景，几乎被其他组说完了；关于创意，我们也没有十分亮眼的创意。在匆忙的调整过程中，老师又给我们带来一个"好"消息，有老师要来听我们的课。这又给我们带来了更加沉重的压力。

作为最后展示的一组，我们背负巨大的压力，但我们要为荣誉而战，因此绞尽脑汁做了重大整改，最后大家充满自信地上了台。

课堂展示结束，同学们给我们组报以热烈的掌声，大家心里的大石头终于落了地，每个人的脸上都露出欣慰的笑容。

也许我们的展示并不完美，但已经得到了同学们的充分肯定，这足以让我们自豪。我们组的准备过程尽管比较坎坷，但结果却令人惊喜。

通过这次展示，我们学会了团结合作，看到了合作的力量。大家只有相互理解沟通，尊重他人的想法，才能成为一个真正的团队。这次在幕后工作的每个人都值得赞扬，正是有了他们的默默付出，才有了台上同学的出色展示。

不曾想到，给我们一片天地，我们竟能够创造出如此的乾坤！

张心禾：

我谨从我个人的角度，表达对这次角色展示活动的感想。

下课铃声缓慢而悠长，而我眼神空洞、面无表情，大脑却在飞速运转。写序言？我可从来没写过这东西。平时看过书上的前言，又听过别的小组的朗读，只觉精当简要，令人回味无穷。于我，并不觉得自己有这样的能力，又何谈能与别的组一较高下呢？只是组长把这项重要的任务交给了我，我又有什么理由令全组失望呢？我试试吧！

可是，结果与我料想的截然不同，就在我以为我写的序言平淡无奇、准备好接受沉重打击时，全班却响起了雷鸣般的掌声，得到老师和同学们肯定的我从来没想到自己有如此的能力。

感谢老师，让我认识到一个人的潜力是不可估量的。

弭老师评：看着学生的活动感言，我感动，我欣慰，我骄傲！改革是课堂的生命力。要让我们的语文课堂绽放生命的精彩，那就需要老师解放思想、勇于创新、敢于创新。老师大胆放手之处，必是学生自主创造之地；老师大胆放手之时，必是学生自主创造之时。

3. 赵子远组

角色选取：我是背景知识介绍人。

师皓颖：

《再别康桥》角色课堂，我们组选择了"我是背景知识介绍人"这一角色。闫梓芮自告奋勇，要制作一个PPT。而我们的组长赵子远灵魂出窍，想在展示PPT之前为同学们表演一场"情景还原"：牛潇涵朗读课文，其他人拿着道具将课文中出现的意象表演出来。起先，我不同意，因为我认为这样的表演会很尴尬、幼稚。我们争执了很久，可组长一直坚持他的选择，他觉得这样表演会让老师和同学们耳目一新，又加上大部分组员都同意，最后我选择了妥协。

可去哪儿弄道具呢？闫梓芮和刘子骏是通校生，他们打算放学回家时顺便去超市买卡纸、彩纸等材料。第二天，材料买来了，正好语文老师腾出一节课的时间让大家做准备，于是我们就开始了道具制作。

我们分工明确，有剪纸的，有画画的，制作了云彩（师皓颖饰）、金柳（金萱饰）、夕阳（尹玉婧饰）、青荇（李沐熙饰）、清潭和彩虹（闫梓芮饰）、游船、长篙（刘子骏饰）、沉默的夏虫（赵子远饰）等意象牌。意象牌比语文书稍小点，根据各类意象的特征画上了图画并配有景物的名称，非常漂亮。

我们怀着激动的心情，迎来了表演的时刻。首先，我们向大家展示特色朗读。所有成员都举着意象牌站在台上，朗读者每念到一种意象，相应的同学就要做出动作：云彩轻轻飘过，并向大家招手；金柳随风摇曳，夕阳照耀（尹玉婧用手电筒照着夕阳的图画）；青荇在水中招摇；彩虹挂在天边；最有趣的是船夫驾船轻轻驶过（刘子骏将游船的意象牌用别针别在自己的上衣上，拿着用纸做的长篙，演得特别生动，引得台下笑声一片）；赵子远也很有趣，他用鼻子顶着一个叉号，手中还拿着夏虫的意象牌，因为夏虫也沉默了。最后，我们在牛潇涵的朗诵中走下讲台。

这一环节结束后，闫梓芮向大家展示了精彩的PPT。我们的PPT也很有特色，背景介绍中还穿插着剑桥的图片，特别有创意，能让大家更好地了解文章的背景。

以上便是我们组策划、表演的全部过程。我觉得美中不足的是：在"情景还原"这一环节中，大家都笑场了，有点儿不严肃；还有最后一段，本来设计的是大家一起轻声读，然后边读边下场，但我们有点儿紧张，最终也没按计划实施。

这次角色课堂，我们收获挺多的。这场表演给了我们历练的机会，让我们懂得了担当、责任以及团队合作的重要性。以后，我们会表现得更好。

闫梓芮：

在角色课堂准备环节，我感触颇深的是小组成员的动手能力与创意能力竟然那么强。组长一宣布演话剧，无数创意便从我们每个人的脑海里迸发出来。买来材料后，大家分工明确，利用早自习时间剪剪裁裁、涂涂画画，制作出来的道具虽算不上精良，但生动形象。为这短短几分钟的表演，我们付出了很多很多，真是"台上一分钟，台下十年功"啊！

牛潇涵：

在雷鸣般的掌声中，我们长舒了一口气，走下了讲台。几天以来，我们八个人，准备资料，制作道具，练习朗诵……台上几分钟的成功表演，代价是我们数日的努力。为了取得更好的表演效果，我们不断增加细节：那"青荇""天上虹"中的每一抹色彩，都是我们辛苦染上的。对我们而言，这是一次成功、一次收获、一次感动！

金萱：

最令我感动的是我们组的"情景再现"环节，这个环节是由组长赵子远提出的。起初，我认为这个想法虽然很新颖，富有创意，会使同学们耳目一新，但这似乎是一个无法完成的任务，因为八个组员中有四个是住校生，道具材料的购买、准备工作让通校生在有限的放学时间里解决很困难。但令我想不到的是，第二天，刘子骏与闫梓芮同学果真买来了彩纸、剪刀等材料。更令人感动的是，闫梓芮同学还担任背景知识介绍人一职，在完成家庭作业之余，抽时间制作了PPT。我深刻感受到了组员们团结互助、勇于奉献的精神。这次角色课堂的实践活动，我们收获的不仅是《再别康桥》一首诗的学习，还收获了同学们之间的互相信任。其实，上场之前我还是有点担心的，担心我们滑稽的风格会不会搅扰了《再别康桥》的意境，担心语文老师笑我们幼稚……

但当我看到同学们与老师脸上灿烂的笑容时，我知道我的担心是多余的。我们笑了，幸福地笑了。

刘子骏：

角色："徐志摩""云彩""金柳""夕阳""青荇""不是清泉，是天上虹""船夫""夏虫"。

地点：剑桥。

（开幕，剑桥校园内，云彩飘动，夕阳欲颓，水流发出叮咚响，志摩上。）

轻轻的我走了，
正如我轻轻的来；
我轻轻的招手，（招手）
作别西天的云彩。（云彩招手而过）

那河畔的金柳，（指向金柳）
是夕阳中的新娘；（夕阳闪烁）
波光里的艳影，
在我的心头荡漾。（一只手放于胸前）

软泥上的青荇，（青荇招摇）
油油的在水底招摇；
在康河的柔波里，
我甘心做一条水草！

那榆阴下的一潭，
不是清泉，是天上虹（……转动意象牌）
揉碎在浮藻间，
沉淀着彩虹似的梦。

寻梦？撑一支长篙，（船夫，撑篙而上）
向青草更青处漫溯，（船夫自中央穿过）
满载一船星辉，
在星辉斑斓里放歌。（船夫作放歌状）

但我不能放歌，

悄悄是别离的笙箫；

夏虫也为我沉默，（夏虫作噤声状）

沉默是今晚的康桥！

悄悄的我走了，（众人共舞）

正如我悄悄的来；

我挥一挥衣袖，（作舞袖状）

不带走一片云彩。（众人齐下，落幕）

赵子远：

那日的风有些喧嚣，白云翩然而去，卷动着像是在向他挥手，与他来一场浪漫的告别。

河畔杨柳依依，在夕阳的照耀下披上了金色的婚纱。青荇招摇着，轻轻地，似要将他拉住。清泉流响，水为琴虹做弦，奏出一首哀而不伤的骊歌。撑一支长篙，最后一次在青草中徜徉，夏虫亦不敢作声，生怕惊扰了诗人敏感的内心。

诗人无奈而惆怅，只能将最真挚的篇章吟唱、吟唱……

八个人成功演绎了一台大戏，大家的创意，融为那上世纪的康河柔波…

弭老师评：读完赵子远小组成员的活动感言，我很激动，很感动，很欣慰！他们不仅角色课堂实践成功，撰写的文字也展现出了他们极好的文字水平。

4. 李文奇组

角色选取：我是背景知识介绍人、我是专业朗读者、我是诗词鉴赏家。

快乐的时光总是弥足珍贵，短暂的经历却耐人寻味。我们紧紧抓住时间的尾巴，记录下最美好的时刻。以下是我们组同学写下的活动感言。

杨亚群：

告别了稚嫩的自己，迎来了高中生活。日子从来不会停下脚步，只觉高中生活刚刚开始，却不知不觉过了两周。在此期间，最令我兴奋和激动的事情莫过于语文角色课堂。在充满惊喜与挑战的课堂上，我一次次收获了喜悦与进步。

《再别康桥》角色课堂的价值已远远超出了课堂所能容纳的东西。我在课堂上不仅仅是学习知识，还感受到了由内而外散发的文学魅力。我学会了团队协作，学会了彼此包容，学会了相互理解。更重要的是，我敢于踏上讲台了，由以前只在底下拼命鼓掌的局外人变成了站在台上的讲解者，虽然我的讲解不如其他同学的展示精彩，但我实现了自我突破。今后，我应该更加自信，勇于展示自己，努力做到像组长那样侃侃而谈，像栗建佩同学那样放松自然。我期待自己的下一次展示。

Nothing is impossible, as long as you believe in yourself.

王晨辉：

说实话，一直到我们即将上台前，我都没有抱多大希望，更何况还来了很多外校的听课老师。我在心里默念：不要出太大丑就好。

每个组的展示都很棒，但我不谦虚地认为我们组是表现最出色的。每个人都各司其职，努力地发光发热。从展示结束后的掌声中，我真切感受到了团结是一种怎样的力量。在一个集体中，要尝试摆脱冷气，即使是萤火虫也在照亮黑暗，而不是等候炬火。我们更要贡献自己的一份光热，温暖他人，也感动自己，努力生活，认真热爱。希望我们都能活得简单、清澈、有力量，像星星一样努力发光。

王英宜：

将语文与生活相联系，生活就是语文，语文就是生活。在生活中学习语文，在语文中体味生活。列宁曾说："聪明在于学习，天才在于积累。"我们只有在生活中仔细观察、不断积累，才能真正与语文相识。"单丝不成线，独木不成林。"在这次语文课上，我们八个人分成四个小组，准备了四个不同的环节，上台时虽有些紧张，但为了给集体增光，我们每个人都表现得十分出色，正所谓"团结就是力量"。

高素勤：

在准备稿子时，我们组的八个人联系当时的背景，把自己的感受与作者的情感结合起来，让自己置身于"那个时代的康桥"。"如果有天我们湮没在人潮中，庸碌一生，那是因为我们没有努力活得丰盛。"这是著名作家黄碧云说的一句话。徐志摩虽说是一个"浪子"，我也想评价他"雅得轻狂"，但他的确是一个伟大的诗人，也称得上"活得丰盛"。徐志摩在康桥埋下了梦想的种子，但美好的时光已经过去，他只能只身悄悄离去……

石希悦：

我们的展示是很让人惊喜的。每一个成员都圆满而又出色地完成了任务，完成了一次挑战。在这堂课上，我不仅学到了知识，对人生也有了更多体悟：每个人都有属于自己的舞台，就看自己有没有勇气登上，有没有信心去演绎自己的精彩。

我认为这次讲课，我们组是很成功的，这离不开组里每一个人的努力。准备期间，同学们一丝不苟的态度，写得密密麻麻的稿子，都永远印在了我的脑海中。我要特别感谢我们组长，是她一直在掌握着大局，为我们组劳心劳力。总之，我想说，我们每个人都很棒！我们是一个大家庭！

李文奇：

讲完、听完这节课，倒不如说是体验、欣赏完这节课，整个过程像是在完成一幅作品。我们四组全体成员以绝对的认真与自信、勇敢与创新，把这堂课演绎得精彩而圆满。回想起来，我感触颇多。

凡事预则立，不预则废。相比第一次组织的讲课，这一次大有进步。由于提早设计好了流程和分工，大家职责明确，活动进行得不混乱、不慌张，有条不紊，每个人都积极参与进来，大家都出色地完成了任务。我真的感到很高兴，对自己，对组员，对结果。

没有平凡，显示不出超绝。大家看似普通，实则个个深藏惊人的才艺。在活动中，我惊喜地发现，我们组有朗读达人、写作达人、英语达人、口才达人、设计达人……大家像是八面色彩各异、迥然不同的镜子，重叠对照，竟反射出神奇的光彩。

以心印心，心心相印，原来在最近、最平凡的一切里，就有最深、最奇绝的睿智。在与同学们的相处中，我愈发感受到了这一点。大家从陌生到熟悉，情谊便在这点点滴滴的相处中缓缓地升起，氤氲着淡淡的清香。特别是在准备这份文字稿的时候，有许多瞬间令我十分感动。这是一份集体的任务，王晨辉、杨亚群最先写出了感受、感悟，还写出了详细的授课流程，字里行间充溢着认真与用心。王英宜也是耐心而认真地将感言改了好多遍，没有任何怨言，一直在问我还需要修改什么、增加什么。朱文欣一直在为我出谋划策，从始至终。石希悦帮我打字，忙到很晚，说"剩下的就劳组长多费心了"。在这有些寒冷的秋夜，面对因长时间工作而发烫的电脑，我的手、我的心都感受到了来自同伴的温暖。我想，正是因为有了这些善良而可爱的同学、朋友，我们的生活才四季如春。

四组，原本是一个冰冷而无感情的名词，但在一天又一天的打磨中，在一件又一件小事的温暖下，它已经变成了一个有血有肉、团结一心的整体。我们期待着、准备着下一次的才能爆炸。

弬老师评：什么叫认真用心，请看看我的学生！什么叫才华卓异，请看看我的学生！请看看他们的课堂文字实录，看看他们给予同伴的评语，看看他们写下的课堂感言。作为他们的老师，我自豪，我骄傲。得天下英才而教之，乃吾人生一大乐事。

5. 沈延冰组

角色选取：我是背景知识介绍人、我是专业朗读者、我是诗词鉴赏家、我是情感分析师。

我们六组在选择角色时，由于众人意见不一，组长沈延冰决定将四个角色全包揽下来。全组人员全部参与，各司其职。

精彩展示：

杨泽宇、张骐骁普通话版与赵中岳章丘方言版的诗歌朗诵。

杨泽宇：

> 轻轻的我走了，
>
> 正如我轻轻的来；
>
> 我轻轻的招手，
>
> 作别西天的云彩。

张骐骁：

> 那河畔的金柳，
>
> 是夕阳中的新娘；
>
> 波光里的艳影，
>
> 在我的心头荡漾。

赵中岳：

> 暄和泥巴上的苲草，
>
> 绿不拉地在水底蛄蛹；
>
> 在康河咣当咣当的水波里，
>
> 俺甘愿做一根苲草！

杨泽宇：

> 那榆阴下的一潭，
>
> 不是清泉，是天上虹
>
> 揉碎在浮藻间，
>
> 沉淀着彩虹似的梦。

张骐骁：

> 寻梦？
>
> 撑一支长篙，
>
> 向青草更青处漫溯，
>
> 满载一船星辉，
>
> 在星辉斑斓里放歌。

赵中岳：

> 但俺不能咋呼，
>
> 就这么悄没声地走不咋；
>
> 虫子也不吱声了，
>
> 谁也不能大后晌在那儿咋呼！

杨泽宇、张骐骁：

> 悄悄的我走了，
>
> 正如我悄悄的来；

赵中岳：

> 俺扑拉扑拉衣袖，
>
> 不带走一片云彩。

郭雨晞评：既有阳春白雪又有下里巴人，雅俗共赏。

弭老师评：杨泽宇的肢体语言很到位，赵中岳在用方言朗读时很入戏。

小组学习收获：

在六组艰苦卓绝的革命历程中，经历了不少生死攸关的转折点，好在同志们意志足够坚定，共同完成了此项任务。通过弭老师的课，我们不光收获了知识，还锻炼了能力，学会了担当。

小纠结：

在角色选取过程中，我们组出现了不少分歧，大致分为四派：诗词鉴赏——满腹经纶的张木悦、张心怡同志，深情朗读——既优秀又很"秀"的赵中岳、张骐骁同志，背景介绍——杨天骐、苏锦钰同志，吃瓜群众——沈延冰、辛怡澄同志。于是，组长以她贫弱的组织领导才能，决定选取背景介绍，理由是思想解读可以很巧妙地融入背景介绍中，而鉴赏确实不好融入，加之张木悦同志的鉴赏准备确实用心，选此角色的态度又十分坚决，最终全员商议："大杂烩"吧！

小慌乱：

背景介绍作为全组的重点工程，其设计师杨天骐与苏锦钰同志可谓呕心沥血、废寝忘食，资料查寻、勾画摘录一丝不苟。正当两个人满怀信心准备上战场之际，探子来报：我们的介绍内容与其他小组的相似程度极高。于是，在这生死攸关的时刻，两个人又奋笔投身于改稿工作。

小改革：

在此次准备过程中，出现了一支很优秀的队伍。赵中岳与张骐骁同志及外组的同学共同组成的朗读小分队，表现堪称完美。张骐骁同志的肢体语言形象到位，赵中岳的章丘方言恰到好处，杨泽宇同志富有磁性的嗓音与深情的眼神也令人心生涟漪。他们把一首《再别康桥》读得皮中带稳、稳中带皮。

小坚定、小温柔：

我们的女同志张心怡早早准备了自己的稿子，张木悦同志则每天都有新的想法并随时记录。这两个女孩一柔一刚，一个有想法、有主见，一个乐于分享建议。另外，全组最温柔的辛怡澄同学，认真听取每个人的想法，把板书内容记录在便利贴上，默默地为大家服务。

大人格：

杨天骐不仅是全组的颜值担当，还无时无刻不散发着个人魅力，在讲台上不慌不乱，特别是讲到徐志摩的情史（这是他强烈要求一定要加上的）的时候，那种声情并茂，几乎赶上了赵、张、杨三兄弟的朗读了。最后，他串台词的功力很强，一直帮着紧张的组员调节情绪。在最后的收官部分，他突然站上讲台解释我们组"大杂烩"的原因，"暖场王"非他莫属。

加油哦：

我们小组较顺利地完成了背景介绍。不过，许多地方仍需改进：我们缺少一个串词的主持人；组长的组织和决断能力有待提高；张木悦同志的声音和语速仍需改进；与同学们的交流与互动可以增加一些，要向杨天骐同志学习。

弭老师评：沈延冰组的文稿写得非常富有特色，不仅记录了课堂上的精彩展示，还记录了老师和同学的课堂点评。另外，还记录了角色课堂准备环节的几多趣事，并为每件趣事拟了颇富特色的小标题。最后，还写下了反思及改进建议。

6. 李登科组

角色选取：我是专业朗读者。

角色分工：

组长：李登科；成员：李春雨、张鲁晨、李金钥、张琼文、王奕飞、尚永基、刘锡童。

李登科：

上周我们尝试了《再别康桥》角色课堂这一学习方式，我们组的同学认真研读完这首小诗后，被诗人对康桥的那份眷恋和不舍深深打动了。经过一番激烈的讨论，我们组分成了两派：男生负责"朗读者"角色，女生则扮演"诗词鉴赏家"。考虑到有不少同学住校，资料来源毕竟有限，我们最终决定全组扮演"朗读者"角色。

摆在我们面前的第一个问题，就是人数的分配问题。八人全员上场，而全诗只有七节，怎么办？有人提议，可以选择一人读导语，其余七人每人读一小节诗。"这未免有些平庸。"有人反驳道。我欣然接受了导语设计的安排，可朗读诗句的安排，依旧没有定论。

明天有语文课，而今天最后一节课是晚自习。我不敢违反自习课的纪律，可时间不等人。于是，我灵机一动，想起了小学时上课常干的事——传字条。写好内容后，我看似不经意地扔给别人。字条就这样扔来扔去，好在没有对班级纪律造成太大的影响。最终，我们达成一致意见：将诗的第二至第六节中的每一节分成两部分，每人朗读其中的一部分，而诗的首节和末节由我来读。

语文老师说过，朗读者需要有得体的肢体语言。读到"我轻轻的招手，作别西天的云彩"时，我可以做出与台下观众挥手告别的动作。"那句'河畔的金柳'怎么添加动作？"刘锡童问我。我告诉他："你可以做出手指向一方的动作，就当那是河畔的金柳了。"但思来想去，我还是发觉毫无特色。"要不在最后加上和音吧，这样就有回环往复的感觉啦。"一直埋头研究导语的王奕飞突然说道。"这个主意不错！"我欣然同意。可转念一想，和音需要全组成员的高度配合，一旦不成功，很容易导致笑场的尴尬局面。下午就要上语文课了，而现在将近正午时分，抽什么空练和音呢？"要不就只能牺牲我们的午休时间了。"我万般无奈地对刘和尚说。令我惊喜的是，大家没有知难而退，而是极力配合我，给予我极大的支持，我十分感动。

弭老师评：那些纠结，那些商讨，那些决断，那些设计，都是丰富的人生体验，都将化成成长的营养。

四、教学后记

角色课堂改革的关键是：改变教师的教学方式和学生的学习流程，由先教后学改为先学后教，由教师致力于"讲"改为致力于"导"；改变学生的学习方式，由被动学习变为主动求知；改变学生的生命状态，由萎靡不振、得过且过变为激情澎湃、昂扬奋进。

在角色课堂上，老师不是"甩手掌柜"，而是课堂的总设计师，学生学习的引导者、促进者，学生平等的学习伙伴。《再别康桥》角色课堂实现了真正意义上的学生自主学习、合作学习、探究学习，自主合作探究贯穿学生学习的全过程。

在这样的课堂上，学生备课、讲课，课后师生共写。这一过程，让知识与能力、过程与方法、情感态度价值观的学习目标得以落地，让语言的建构与运用、思维的发展与提升、审美鉴赏与创造、文化理解与传承的语文核心素养的培养得以落地。在这样的课堂上，学生获取的是生命成长的全方位的营养。

角色课堂是有体验的自主学习，是有意义的高效学习。

春天送你一首诗

——《诗经·卫风·氓》现代诗歌改写教学课例

学习《诗经·卫风·氓》时，我和学生尝试了一种新的学法：让学生在充分朗读诗歌、整体把握诗歌内容的基础上，仿照示例把诗歌的每一节都改写成现代诗歌。

令人没想到的是，这一教学设计居然大大激发了学生的诗歌创作热情，组与组之间展开了激烈友好的比赛。他们创作的诗歌，无论是形式还是意境、情思远远超过了我所提供的示例。学生热情高涨，创作速度惊人，才情令人惊羡。我欣喜激动，点评到词穷。

本次诗歌改写实践，激发了学生的诗歌创作热情，钓出了学生的诗歌创作才情，锻炼了学生的诗歌创作能力，也检验了学生对文本人物与诗歌主题的解读能力，可谓"一箭多雕"！这是一次创新教学巧设计，一场现代诗歌创作美盛宴！

请仿照下列示例（来自网络），把诗歌各小节改写成现代诗歌。要求：句子整齐，力求押韵；每小组任选一节进行改写，也可对全诗进行改写。

示例：

农家小伙笑嘻嘻，怀抱布匹来换丝。

其实不是真换丝，找此借口谈婚事。

送你渡过淇水西，到了顿丘情依依。

不是我要误佳期，你无媒人失礼仪。

请你不要生怨气，秋天为期我等你。

学生改写的现代诗歌：

第一节改写：

一眉眼，一笑颜，一世期许。

一神卜，一吉兆，满心欢喜。

一璧人，一良缘，白首不离。

——闫梓芮

第二节改写：

四周是无尽的断壁残垣，

我登上那颓圮的城墙，

遥望那远方的复关。

那是你的复关，

无限接近地平线，

而我却始终望不见。

那令人心起涟漪的身影仍未出现，

无缘无故地，

我忍不住泣涕涟涟。

地平线与那断壁残垣之间，

我日夜想的那个人突然出现。

你笑着，像清晨的桑叶

抖落身上的露珠一般；

你说着，如悠扬的竹笛

乐曲飘过我的耳畔。

你轻抚龟板的纹路，

撩动蓍草的嫩茎。

龟板的纹路祝福我们平安，

蓍草轻轻摇曳，

祈愿我们齐眉举案。

你的车辙印留在我家门前，

我不知何所言，

只想携着嫁妆，

登车同你驰往山的那一边。

——牛潇涵

第三节改写：

青桑叶润鲜，引鸠直垂涎。

鸠于桑葚贪，昏醉绿树间。

女儿与士耽，士去疾如箭。

往事已惘然，汝且思无绵。

——石希悦

郁郁我桑，如梦如伤。彼若瑰玉，今若残疮。

悠悠我桑，毋念毋抢。彼时留香，今时怅惘。

叶已落兮，日已归兮。男已说兮，女犹念兮。

毋念毋愁，毋感毋伤。毋溺恋河，毋忆过往。

——李文奇

第四节改写：

桑叶

枯，浅浅

坠，翩翩

不急不缓已三年

三年

变容颜

毁良缘

可诉可怨却缄言

缄言

女痴愿

子情迁

风轻云淡终如烟

如烟

——赵子萱

第五节改写：

回忆往昔三岁妇，

操持家务，荆钗布衣裤。

夙兴事桑迎晨雾，

归来已是日迟暮。

清贫为你半生路，

尔遂心去，空落迷烟树。

兄谓我愚咥其语，

静思躬悼泣涕流。

——张木悦

第六节改写：

任由你八方漂泊，留于我三千失寞。

盼你留惊慌失措，望你走不动声色。

孤守冷酒独沉默，置身黄昏无人说。

相携相挽看落花，彼此相依赏烟火。

愈念曾经愈难过，风吹冷暖无寄托。

淇水岸边怅你我，桑葚树下离人歌。

——张骐骁　杨泽宇

全诗改写：

山一程，

水一程，

锦绣玲珑。

梦一生，

念一生，

飞花落红。

潮汐月又盈，

岁又增；

万千惊宠，

灭又生，

得又扔。

温香软玉顾盼，

忆往昔，

万千荣宠；

只叹今朝，

一世残梦。

——王丹宇

入夜秋凉，簌簌落桑，

烛光曳曳映室劳。

空自悼，情彷徨，

泣涕涟涟黯神伤；

火光微凉，思念渺茫，

忆你少年时模样。

笙欢唱，舞霓裳，

言笑晏晏情难藏。

奈何今宵，夫极凶暴，
夙兴夜寐靡有朝。
云苍茫，人沧桑，
茫茫情事刺骨凉；

今夜，
月色琳琅
再难共赏，
因你伤我苦断肠；

扑灭烛光，
熄了过往。
余生，
恕难指教，
陌路悠悠两相忘；

这一世，
愿奈何桥头，
你别来，
我无恙。

——沈延冰

披着漫天霞光，
跨过淇水，
越过顿丘，
你一步步向我走来。

怦然心动——
世间皆暗，

唯有你独散光芒。
待巷中光影渐渐拉长，
我便身披红装，
与君厮守到地老天荒。
秋风起，那桑已然枯亡，
落叶纷飞间彷徨，
情已断肠。

你说，
三生石畔，
风月琳琅。
后来，
妆台镜前，
泪拆两行；
你说，
千山暮雪，
水戏鸳鸯。
后来，
乌篷摇梦，
轻奏离殇。

回首当年恋爱时光，
山盟海誓，
早已消散无光。
淇水汤汤，
渐车帷裳，
跨出此步，
我便不再回惘。

本愿执子之手，与子偕老，

奈何物是人非，

只留遗憾在场，

在片片孤寂中诉说着无言的悲伤。

——李春雨

我化作清风

难拂去你心中的棱

你的离去似雨迹云踪

转眼誓言皆成空

只因那场醒不来的梦

回眸年华青葱

怪我当时年少懵懂

一心只为投入你怀中

奈何你竟为他人心动

留我独守皓月苍穹

静候春夏秋冬

你给过我痛

你却无动于衷

泪眼蒙眬

梦醒

剧终！

——赵中岳

删繁就简，长文短教

——《孔雀东南飞》教学课例

一、教学过程

《孔雀东南飞》是一篇长篇叙事古诗。按照传统教法，是老师用灌输的方式，先扫除文言基础知识障碍，最少需要两节课的时间；然后分析优美文段，大约一节课的时间；再分析人物形象、塑造人物的手法及诗歌主题，又需一节课时间。这样学习这篇课文，至少需要四节课，还不包括学生预习的时间。

老师的烦琐分析不但浪费学生的学习时间，还无法激发学生的学习兴趣，更不能使学生生成学习能力。学习本课时，我采用了自主体悟式活动课堂学习方式，设计了一个探究题目，试图通过一个问题的解决突破其他问题。两个班的学生共写出了12534字的探究文稿。

学习分两个阶段进行：

第一阶段：布设任务——扫除文言基础知识障碍，流利朗读课文。时间为两节课。

要求：读准字音，读对句读，流利朗读；扫除文言基础知识障碍，诵读优美文段。

方法及步骤：自主学习—质疑问询（老师、同伴）—合作答疑—抢答破疑。

第二阶段：设计探究题目，学生开展自主体悟式活动课堂学习。这一阶段的学习要留给学生较为充足的时间，让学生做充分准备，从领到题目到登台展示，中间至少留两天时间，至少提供一节课上准备时间。

探究题目：请思考、探究刘兰芝和焦仲卿之间爱情悲剧产生的原因是什么？

要求：请多角度思考，写成书面文稿。

操作步骤：领受任务（学生）—自主体悟（学生）—交流展示（学生）—反思总结（师生）。具体如下：第一，每个小组成员精读文本，独立思考写作。第二，备课组长（学习小组组长）带领小组人员（一般六至八人）集体备课，在个人写作的基础上，推荐出本组的最优稿件，然后大家群策群力、献计献策，共同完善小组发言稿。第三，小组代表登台展示（有时是一人，有时是多人或全体，有时也会师生同台展示）。第四，评委现场打分，宣布获奖情况，现场颁奖。第五，大家（小组代表、听众、评委、老师等）发表活动感言。

说明：学生自选评委、计分员、主持人，在老师指导下自拟评分标准，由评委自设奖项，奖品由老师提供。展示时间一般为一节课（六个组）。

评分标准：满分10分。内容方面（4分）：观点明确，或多角度全面分析，或抓其一点，独到深刻。论证思路（2分）：思路清晰，符合逻辑。语言表达（4分）：准确精当，富有特色（2分）；普通话标准，表达流利，台风大方得体（2分）。

活动结束后的任务：第一，各组将发言稿进行二次加工润色，发到老师的邮箱里。第二，老师对各组的文稿进行最后的润色，并配以老师的点评文字和书面活动感言，最后发在老师的博客或班级博客上。第三，老师将所有文稿打印，张贴在教室外墙上，让同学们再次欣赏（外班的同学也会驻足欣赏）。

二、《孔雀东南飞》探究文稿选摘

青春血祭孔雀锦，乐府千年唱别离
——浅谈《孔雀东南飞》爱情悲剧的原因

2009 级 3 班二组　执笔人：王晓　打字员：李敏　发言人：王晓

【配乐朗诵】

> 谁翻乐府凄凉曲？风也萧萧，
>
> 雨也萧萧，瘦尽灯花又一宵。
>
> 孔雀东南飞，五里一徘徊。
>
> 缠缠绵绵，脉脉依依地相对。
>
> 孔雀东南飞，五里一徘徊。
>
> 寻寻觅觅，淡淡忧愁地回味。

窗边，一女子凭窗而立，晓风骤起，衣袂飘飘。最后一颗星也消失在天边，只剩下走廊中转折的光阴。

思念无凭据，愁情如春草。女子默默地等待，等待陌上花开，等待伊人缓缓归。等来的却是一纸休书、一腔怨愤。

相守便到地老天荒，承诺便到海枯石烂。没有"山无陵，天地合，乃敢与君绝"的如火誓言，只有一句短短淡淡的"蒲苇纫如丝，磐石无转移"。可蝴蝶飞不过沧海，自己守不住麦田，为何真心相爱却总多风雨相煎。天若不尽人意，我愿生死相随。手心里长出的红线，最终还是纠缠，然后物是，然后人非。最后只剩伶仃东南枝，冰冷池中水。

或许尘世间最遥远的距离，不是我在你面前，你却不知道我爱你；而是明明相爱，却不能够在一起。

鸳鸟哀鸣，孔雀无应。只有脉脉泪眼相对。

读罢《孔雀东南飞》，脑海里便只有林间鸳鸯双双飞的画面。如此一对璧人却被生生拆散，如此悲凉，如此凄美，是谁为这出悲剧拉开了帷幕？又是谁将这对天作之合的人儿一起推向了坟墓？

仲卿、兰芝爱情悲剧的产生，究其原因，我认为有三：

一是焦母的逼迫。

焦母长期守寡，必然会把所有感情全都倾注到儿子焦仲卿的身上。仲卿是她后半生的唯一寄托和未来生活的希望，是她用青春和全部的爱抚养大的，所以她对独子的爱是深厚的、偏执的，这种爱有极端的自私性。儿子是她一个人的，不允许他人占有，即使理性上允许，感情上也不能容忍。可是出于家长的责任，也为了一份争强好胜的虚荣，她必须为自己的儿子挑选一个完美无瑕的配偶。但令她没想到的是，这位精妙无双的完美儿媳竟夺走了她的儿子，此时儿子已不只属于她，儿子已经被另外一个女人抢走。

在焦母看来，仲卿沉溺于与兰芝的儿女私情，忽视了自己的大好前程，泯灭了进取心。所以，焦母感到了兰芝的威胁，要把她逐出家门。焦母一定要找一个能对自己言听计从的儿媳妇，于是她想到了秦罗敷。

二是仲卿的软弱。

或许从小与母亲相依为命，仲卿对母亲有了一种本能的依赖；或许从小被母亲溺爱，仲卿养成了懦弱无能的性格。所以，仲卿在母亲提出"便可速遣之，遣去慎莫留"时，纵使与兰芝如胶似漆，但还是妥协了。他不能做个不孝子，不能违抗母亲大人的命令，他必须对母亲言听计从。在他眼里，母亲就是天，母亲的话就是圣旨。他的这种软弱只能换来鸳鸯桥边黄土一抔。

三是封建礼教的束缚（根本原因）。

在当时那个黑暗的时代，妇女并没有多少社会地位，她们必须遵从三从四德。《礼记》中载，"妇有七去：不顺父母去，无子去，淫去，妒去，有恶疾去，多言去，窃盗去"。焦母驱遣刘兰芝用的便是第一条"不顺父母"。《礼记》中还规定，"子甚宜其妻，父母不悦，出"。这没有什么道德章法可言，也没有什么情谊可说，只有顺不顺父母的心意，合不合父母的脾气。在这种封建礼教下，仲卿与兰芝没有争取自由的权利，他们只能忍受相思之苦，然后共赴黄泉。

刘兰芝与焦仲卿二人对那些封建礼教规范只能遵守，不能违犯。他们别无选择，要么依从，要么殉情，这才是悲剧中的悲剧。

在鸳鸟的哀鸣中，我似乎看到了仲卿与兰芝"执子之手，与子偕老"的画面。死亡，这人世间最大的障碍和恐惧，不仅没有分开兰芝与仲卿，反而拉近了他们的距离，使他们发不同青心同热，生不同衾死同穴。

天若有情天亦老，月若无恨月长圆。问世间情为何物，直教人生死相许！

【配乐小组成员齐诵】

惜别离，惜别离，

无限情思弦中寄，

琴声切切如细语，

与君偕老情不移。

惜别离，惜别离，

无限情思弦中寄，

琴声切切如秋风，

仲卿难舍恩爱妻。

惜别离，惜别离，

无限情思弦中寄，

真心相爱难白首，

孔雀东南飞无依。

惜别离，惜别离，

女儿情真郎不移，

青春血祭孔雀锦，

乐府千年唱别离……

悲情鸳鸯是为何
——浅谈《孔雀东南飞》爱情悲剧的原因

2009级2班三组　执笔人：宫成　打字员：宫成　发言人：李平宇

看过《孔雀东南飞》的人，都会被焦仲卿和刘兰芝凄美的爱情悲剧所打动，夫妻二人双双化鸳鸯的神话也被广泛传颂。但从诗中的许多语句中，我们可以找到这出爱情悲剧的原因。

为了便于大家理解，我首先用一个火山图来描述导致他们爱情悲剧的原因。大家可以看到，在这座火山中，社会根源在底部蠢蠢欲动，为悲剧埋下了种子；双方的性格使矛盾开始激化；双方的家庭加剧了矛盾，使其一触即发；最终的导火索使得火山爆发，悲剧就此诞生。（图略）

下面我就来解释导致悲剧的原因。

在南北朝时期，封建礼教盛行，三纲五常严重束缚着人们的心灵。在这样的社会中，妇女的地位低下，"女子无才便是德""从父从兄从夫"等思想限制了她们对理想和爱情的追求，这就导致刘兰芝在婆家难以获得自己的权益，并且不能决定自己的婚姻，只能任由兄长摆布。这是一种时代的悲剧。正是这种社会大背景，使悲剧的诞生成为一种看似偶然的必然。刘兰芝的悲剧命运自此已经注定。

从焦仲卿的角度来说，社会因素也不容忽视。自从汉武帝"罢黜百家，独尊儒术"之后，儒学就成了整个社会的主流思想。而在儒学中，最讲究的就是"孝"了。父母之命，儿女只能言听计从。所以，焦母让焦仲卿驱妻，作为从小就受儒家学说熏陶的官宦子弟，焦仲卿自然是不敢违抗的。至于说焦仲卿最后的自缢，可以理解为用死亡向封建社会做出的控诉吧。

虽然社会背景的残酷让夫妻双方都没法追寻自己的爱情，但大多数夫妻的生活还是和和美美的，为什么焦、刘二人会痛苦到自杀呢？这就与两个人的性格有关了。

焦仲卿的性格十分软弱。他整日处在母亲的高压之下，养成了软弱的性格，在母亲面前唯唯诺诺，亲手毁掉了自己的爱情。而他的软弱，与其说是因为母亲的强势，不如说是封建礼教的产物。在爱情和母亲面前，他别无选择。悲剧之所以是悲剧，不是因为选择的错误，而是由于没有选择。

此外，焦仲卿的性格还有狭隘的一面。他相信爱情的忠贞，却在现实面前轻易地怀疑。他得知刘兰芝再嫁后，不问青红皂白，便说出了"卿当日胜贵，吾独向黄泉"的绝情之语。这就体现了他不能包容、不能体谅的性格。爱情最怕的就是双方的不信任。事实上，在焦仲卿说出绝情之语时，两个人的爱情已经走向了终点。

刘兰芝的性格也不是十全十美。她多才多艺、知书达理，按理说作为一个弱女子应该被宠爱，但是，由于丈夫的软弱，当爱情受到挑战时，她就不得不站出来捍卫自己的婚姻。客观上的艰难造就了刘兰芝主观上的刚强，但是过犹不及，过刚则易折。在那个夫权社会中，刘兰芝居然敢主动提出遣归，回家后执意不嫁，这体现她刚强的同时，也反映出她做事缺乏谋划。本来，她可以多想些办法，迂回地捍卫爱情。但是，她这种强硬的态度葬送了自己的爱情，也葬送了自己的生命。

另外，焦仲卿和刘兰芝的性格有一点共同之处，那就是天真。焦仲卿明知不可能破镜重圆，却仍要刘兰芝回家等候，为他坚守忠贞；刘兰芝面对再嫁，意志不坚定，已经被兄长逼迫嫁人，却仍与焦仲卿藕断丝连、旧情难忘，天真地幻想着两个人的爱情之火能够复燃。所以说，两个人对生活缺少基本的认识，空怀年轻人的热血，盼望着奇迹发生。最终，现实与幻想的巨大反差使两个人心灰意冷，从一个极端走向了另一个极端。

两个人的性格特点使得矛盾显现，而双方的家庭状况则使矛盾迅速升级。焦母太过强势，致使焦仲卿在家中没有地位，无力保卫自己的爱情。另外，焦仲卿的价值观和自我认知与母亲存在分歧，他认为自己是"薄禄相"，母亲却认为他将来会"仕宦于台阁"。两个人价值观的不同导致他们之间出现了代沟，并直接导致了两个人爱情观的不同。焦仲卿的爱情观是以情为主，讲求忠贞；焦母的爱情观是以色为主，讲求财貌。这一点从母子二人对待秦罗敷的态度上就可以明显看出。焦仲卿与母亲产生了如此大的分歧，却又碍于礼教，只能默默地承受着痛苦，最终崩溃。而刘兰芝的兄长贪慕富贵，妄想通过妹妹的裙带关系升官发财，断然拒绝了妹妹的要求，不顾妹妹内心的伤痛，强行将其嫁出，让焦、刘二人破镜重圆的美好幻想破灭，矛盾已是不可调和。可以说，是焦、刘两家家长的强势造成了夫妻二人的悲剧。

种种因素的叠加，为悲剧的产生创造了充分的条件，此时，只需要一根小小的稻草，就足以压垮焦、刘二人的意志。说起这出悲剧的导火索，不外乎两点：一是兰芝遭遣，二是兰芝再嫁。前者造成了夫妻别离，难以并肩作战，没有了物质基础；后者造成了幻想破灭，无力坚守信念，失去了精神支柱。可能有许多人难以理解，兰芝才貌双全、勤快能干，家境也不算差（从县丞求婚可以看出），为何焦母就是看不惯她呢？其实，原因很简单。"不孝有三，无后为大"，焦、刘二人"共事二三年"，却没有孩子，焦母当然很不满意。从这个角度来看，焦母讨厌刘兰芝也在情理之中。

由此，我们不难得出结论，导致这出爱情悲剧的原因是多方面的。两个人生活在封建礼教的社会大背景下，性格又难以适应社会现实，还有来自家庭的压力，加之无子的尴尬状况，最终导致了悲剧的发生。

三、教学后记

1. 惊喜

今天两个班分别上了交流展示课。两个班各个小组的展示都给了我莫大的惊喜：学生对问题的分析认识全面、深刻、独到，展示方式新颖别致、颇富创意。两个班的展示各有风格：3班长于抒情，富有诗意，文学味道醇厚；2班长于思考，富有理性，理论色彩浓厚。

2. 感言

对 3 班：我没想到学生的展示方式居然如此富有创意，我没想到学生居然把文稿写得如此富有诗意，我没想到那种生动形象和强烈的抒情色彩会把我征服。

对 2 班：我没想到在这么短的时间里学生居然做了这么充分的准备；我没想到原打算让大家写成一个小文稿，大家居然把它作成了大文章；我没想到原本打算上成一堂课，学生居然把它搞成了精彩的讲座。

我对我的所有学生说："你们真是才华横溢！只要给你们搭建一个展示自我的平台，你们就绝对不会让大家失望。我会多搭平台，给你们提供充分展示才华的舞台。我会向你们学习，你们也要相互学习，这样教学相长、博采众家之长，相信我们大家都会成长得更好！你们给我惊喜、给我快乐！我的好心情是你们给的，我将用真心和智慧回馈你们！谢谢你们！"

3. 建议

我建议大家对文稿再进行深加工，可以从以下角度修改：行文上删繁就简，让思路更加清晰、符合逻辑，做到条分缕析；表达上更简练准确，能用一句话表达的绝不说成两句话，词语的选用上更加准确、有表现力。大家修改完文稿以后，打成电子稿，发到我的邮箱。我进行适当润色之后，发在我的博客上永久珍藏。

4. 遗憾

每次这样的课上完之后，我总有深深的遗憾。遗憾的是每次都没能把课全程录下来，每堂课都成了绝版，学生的生动表现只能留在我美好的记忆里。

课堂上的"星光大道"

——《唐诗宋词选读》教学课例

一、教学设计

《唐诗宋词选读》中共收录唐诗宋词 42 首，包括"必读篇目"和"课外自读"。根据教学时间安排，我们准备精研 4 首。究竟精研哪些篇目，我让学生自选。学生对 42 首唐诗宋词进行投票，票数排在前四名的为精研篇目。投票结果是：李白《将进酒》、张若虚《春江花月夜》、白居易《长恨歌》、李商隐《无题》排在前四名。

学习方式：课题选定—集体备课—登台展示—活动感言。

具体操作步骤：

（1）让每个同学根据自己的兴趣，从选定的四个篇目中选出自己最想精研的一首，然后根据篇目选择的情况重新组建学习小组。

（2）各学习小组在备课组长带领下认真备课，全员参与，群策群力。组长的职责是：负责制订备课方案（备课内容、任务分工、备课时间、展示方式），督查备课进度、质量等。

（3）登台展示。展示方式：不拘形式，欢迎有创意的展示方式。展示时间：每组展示时间 5～10 分钟。

师生活动感言问题设计：

（1）从"选定课题"到"准备阶段"，再到"上台展演"，最后到

"展演结束"，这几个阶段里是否发生过有意义、有意思的事情？请你们用文字记录下来。

（2）在你们授课展演过程中，你们小组设计最精彩、最富有特色的环节在哪里？请你们用文字记录下来。

（3）诗词讲读展演结束，你们有哪些心得体会？请你们用文字记录下来。

二、师生感言

学生感言：

在这样的活动中，我找到了主人翁的感觉，自己就是课堂的主人，课堂的精彩程度和自己密切相关，我们心甘情愿花自己的钱、花自己的时间买自己的服务。我的课堂我做主，为生命掏心掏肺！

——赵宇飞

未来学家指出，未来社会的"文盲"，并不是目不识丁的人，而是那些不善于掌握学习方法，不会自主学习的人，所以，教师应有意识地进行学法指导。

语文老师给课堂起了个名字：自主体悟式活动课堂，即在自主中体悟，在活动中成长。

我们组在活动过程中，有合作也不免有争吵，但最终都化干戈为玉帛。我们学会了既坚持自己，又适当妥协。在准备过程中，同学间心与心的距离越来越近了。大家在准备时，都会用心体会诗文的内涵，谈感受、谈梦想，把自己的内心亮出来。

老师十分重视我们学生主体，使我们逐步登上了自主学习的阶梯，与其他同学一道分享求知的乐趣与成功的喜悦。总之，老师把培养我们的自主学习能力贯穿于整个教学活动中，结合我们的实际情况，大胆创新，最终实现了"教是为了不教"的目的。

——高素勤

老师感言：

同学少年，青春飞扬；学生大舞台，才艺大比拼。这是我们唐诗宋词自主体悟式活动课堂的别样精彩！

这次活动学生收获满满，能力得到全方位的锻炼和提升。

准备阶段：锻炼了学生的规划设计能力，分工协作能力，材料搜集、筛选、整合能力等。

课堂设计阶段：锻炼了学生的创意设计能力、逻辑思维能力、语言表达能力、PPT 制作能力等。

展示阶段：培养了学生的气质风度，大家大胆自信，有魄力，有气场，控制住了全场。大家全情入戏，投入课堂，或朗读、或演讲、或表演，变脸红害羞、自言自语、絮絮叨叨而为落落大方、沉着自信、慷慨陈词。

学生的创意设计让我耳目一新，眼前一亮。所以，在平时的教学过程中，我们老师应给学生一段时间，给他们一方空间，让他们的创造力得以施展，让他们的生命力愈加蓬勃。

我们的生命正在走向衰老，但只要思想不老、观念常新，我们就能"虽历千帆，归来仍少年"。

花样背诵，异彩纷呈

——《琵琶行》长诗背诵课例

　　长诗背诵，对学生来说犹如"蜀道难，难于上青天"。学生背不过，是不愿背，没兴趣；是不会背，缺方法。针对这种状况，老师最需要做的就是激发学生的背诵兴趣。长诗背诵，我和学生一起创新，开展了小组花样创意背诵比赛。

一、教学过程

　　2014年12月24日上午三、四节课，我分别在自己所教的两个班举行了《琵琶行》长诗背诵比赛。比赛以小组为单位参加，两个班都是7个小组参赛。

　　背诵比赛评分标准：满分10分，各项酌情赋分，小数点后保留一位数。

　　（1）普通话标准，背诵准确无误。（2分）

　　（2）背诵熟练、流利。（2分）

　　（3）精神饱满，充满激情。（2分）

　　（4）感情把握准确到位，讲究抑扬顿挫、轻重缓急。（2分）

　　（5）环节流畅，组员配合默契。（2分）

　　（6）背诵形式有创意，新颖合理。（加分项，3分）

　　计分方式：去掉一个最高分和一个最低分求出的平均分，为该小组最后得分。

活动方式：评委、计分员和摄像师由学生自荐产生，摄像机由学生自带。

奖励方式：现场发奖，奖品由弭老师提供。奖励小组前三名，设个人单项奖三个。个人单项奖名称由各位评委当场拟定并选出获奖者。

每个小组都有自己的创意，同学们充分展示了各自的才华。有独诵、轮诵、齐诵，有改编流行歌曲唱、民族歌曲唱、说唱、英文唱，有双簧表演，有诵读加表演，有各种配乐诵读（吉他伴奏、口琴伴奏等），还有各种道具（琵琶、自制琵琶胸标等）辅助表演。准备时间如此短暂，同学们能有如此惊艳的表演，他们的才华着实让我佩服。

我为同学们搭建了展示自我的平台，他们每次都带给我惊艳的表现。活动让同学们的情绪得以释放，开心快乐驱走了教室里的感冒病毒，给单调的学习生活增添了生机与诗意。这次活动很好地锻炼了他们的策划能力、组织能力、协调配合能力和表演能力。

二、师生感言

学生感言：

这次活动我有两点体会。

第一点是角色的转换。课堂的主角从老师变为学生，我们的创意和想法得以实现，课堂省时高效，气氛积极活跃。

第二点是能力的提升。课堂的主动权交给我们，也就迫使我们不得不提高自己的能力。评委与计分员的推选以及表演形式的创新，都使我们的组织能力、创新能力和自主学习能力得到了极大的提高。

对这次活动，我的评价是：精彩无限，令人回味，令人难忘。

——蔡盛训

这次比赛是我参加过的最有趣的背诵活动。从小到大，只要老师一布置背诵的作业，我就不愿意背，还提心吊胆地怕老师检查。在这次背诵比赛中，同学们各显神通，创造出各种花样背诵法，不但增加了比赛的趣味性，也提高了大家背诵的积极性，使大家认识到课文原来可以这样背，从而激起了对语文学习的兴趣。自由、创造、快乐——这才是真正的语文课！

——崔德群

第一次参加这样的比赛，有新奇，也有期待。赛后，我脑海中出现了这样几个词：佩服、团结、快乐。

佩服。短短三四天的准备时间，同学们既要背过全文，又要想出新奇的创意，真的不容易。但我们做到了，而且做得不错。有唱歌的，有演双簧的，有玩说唱的，大家各显神通，都发挥了自己的特长，我真的很佩服同学们，当然还有我自己。

团结。这次比赛，我感受到了团队的力量。有领导者，有服从者，但大家都会积极地说出自己的想法，对于组长的要求，也尽力去完成。我认为，一个团队，并非人人都要当领导。每个人都要说出自己的想法，为整个团队出谋划策，但当领导做了正确决定时，大家都要尽自己的全力去完成，这样才能真正体现一个团队的凝聚力。

快乐。赛前、赛中、赛后，每个人脸上都洋溢着笑容。这样一个比赛，让一个原本枯燥无味的任务在笑声中完成，而且十分高效，这让我想起一句话："幸福就是每天减少不得不做的事，并把那些不得不做的事换一种快乐的方式去完成。"

——张昕智

老师感言：

今天，整理完学生发给我的《琵琶行》小组花样创意背诵比赛活动感言，我的激动、感动溢满心怀。我没想到，一次小组古诗文背诵活动，居然受到了所有学生的大力褒扬。他们的活动感言中满溢着激动、兴奋、幸福、感激之情："感谢老师提供的机会，能让我享受这样珍贵的快乐时光。我越发觉得自己曾写下的话是正确的：遇上邢老师，我是非常幸福的。"

　　很多学生是平生第一次参加这样的活动，他们没想到自己收获了那么多东西：凡事预则立，不预则废；台上一分钟，台下十年功。做事想要成功，认真投入的态度是最重要的。团队合作十分重要："独学而无友，则孤陋而寡闻。""一花独放不是春，万紫千红春满园。"创新是不可或缺的，同伴的创造力让他们佩服。同学之间开始相互欣赏："能与这样一群激情上进的人在一起学习，很开心。"

　　每一次教学改革都会让我收获太多惊喜，这使我越来越坚信：只要信任学生，大胆放手去改革，学生绝不会让我们失望。用我们的智慧去钓取学生的智慧，用我们的创新去激励学生的创新吧！

最是无解却有解

——《锦瑟》师生共读共写课例

《锦瑟》是李商隐最难解的一首诗，既然是最难解的诗，我就想尝试不给学生"解"，让学生自己读，用自己的文字记录自己阅读的直观感受。

美好不曾遗失

2009 级 2 班　李笠

《锦瑟》是千年一叹，凝聚了太多的往昔，太多的失落和惆怅，但它哀而不伤，相反，它表达的恰是饱经世事后的淡然与宁静。

《锦瑟》是岁月沉淀下来的华章。作者忆起某时，某日，某月；忆起某间亭子，某个巷口；忆起某个女子，某个好友，心中是沧海桑田的感伤。有多少美好遗失在过往，有多少情感牵连了数个春秋。熟悉的情念又重回心中，感受到的是过往的美好，犹如百年后留存的佳酿，香醇耐品。

记得余光中说过："情人死了，爱情常在。庙宇倾颓，神明长在。芬芳谢了，窈窕萎了，而美不朽。"美不朽。美好不曾遗失。岁月如织，恍惚间已如隔世。经历太多，最终伴你的是对往事的感念与爱怜。那些美好的情感凝于心中，随着心的脉动，随着血流，散入身体各处。

回忆若有香气，那便是樟脑的香气，甜而稳妥。淡淡的想念，淡淡的哀愁，淡淡的喜悦，充盈在心肺间，岁月经久，结晶成果。

若许年后，若我的心中也沉淀了这许多美好，我当坦然与人共享，用这种失去了但又不曾走远的爱怜，来纪念我那短暂的青春韶华。

也谈《锦瑟》

2009 级 2 班　邢月

《锦瑟》本来就很难理解，又加之书中很少注释，这就又给这首诗增添了几分朦胧的意趣。

读此诗，我能隐约感到作者内心的伤感与怅惘。我不敢无端揣测作者因何如此，只是从他那寥寥数语中读到一份厚重的惆怅。他一定经历了什么，并且刻骨铭心。但那些文字又有些缥缈无际，那是他的大彻大悟；那些文字应该是他在无意之中流露出的属于他自己的文字，对别人来说，不好理解其真正含义。以我之年纪与阅历更难深谙其意味。于是，在我眼中，它就只变成朗朗上口的"无题"之作，如同美好的呓语，使我突然就想起了那首诗："菩提本无树，明镜亦非台。本来无一物，何处惹尘埃。"它们究竟有没有关系并不重要，但我读它们，总是能感觉到作者内心的那份空灵与宁静，那种常人难以理解的大智慧，举重若轻、大巧若拙，从这个角度来说，两首诗似有异曲同工之妙。

对于这首诗，我总觉得不论从哪个角度分析，都不能诠释它的奥妙；无论如何解释，与原作相比，都略显浅薄。于是，我放弃追根溯源，掘其本质，只是去感受、去领悟，而不妄图去道破，就让我的心中永留一片神秘、朦胧、宁静、空灵的天地吧。

读《锦瑟》

2009 级 3 班　邢学

"此情可待成追忆，只是当时已惘然。"

时间如水流逝，那往昔的痛、往昔的恨也随水而逝。回首过去，恍如烟雾相隔，能留下的只是微漠的、朦胧的苦痛而已。

《锦瑟》是朦胧的，从中传达出来的情感也像氤氲着一层雾气，恍若在眼前却总也碰触不到。千百年里，千百个人用千百种眼光审视它时，出现了多种解法，哪一种都好像说得通，而哪一种也似乎不完全通。或许让李商隐自己来看，他也不能辨别哪一种才是自己真正要表达的。这首诗大概是在他百感交集、百味杂陈之时写就。或许是对自己走过的半生的回望，或官场或社会或爱情，因为繁复至极所以淡到朦胧，因为痛苦至极所以痛到凄迷。

我甚至想，他不如把那痛苦呼喊出，那样来得痛快些；他不如把那愤懑宣泄出，那样来得酣畅些。但李商隐没有，倘若真是这样他就不是李商隐，也就不会有这首让大家喜吟乐道的、多解的奇诗——《锦瑟》了吧。

一首小小的《锦瑟》，将他半生的哀怨情仇静默地装下，又静默地等在那里。我想李商隐写下此诗，并没希望它一定求解。这应该是他的独语，大概当初作它时就不是要写给他人看的，更想不到今天它要这般受人猜度、得人赏鉴。

爱到深处便会由热烈而转平淡，愁苦到深处也会由浓重而得以稀释，留下来的情感却会成为最撼动人心的东西。

读《锦瑟》
2009 级 3 班　杨柳

读到这首诗时想哭，内心沉浸在无法言表的巨大追思中。李商隐当是个很美的诗人，以前我最爱《乐游原》中的"向晚意不适""只是近黄昏"，三言两语，恰到好处。晚来斜风挂冒梢，向来有意赏。夕阳垂暮的美景，却已是黄昏终了。很淡很轻的笔触，很伤很沉的心情。他爱"无题"，近乎痴狂，他将所有的情绪抛向心的海底，却让人觉得其实平静的海面下是波涛汹涌。

他那音乐的性灵指引他找到心灵的归宿，一音一节中都有着他最诚挚的眷恋。往事随风也无痕，轻逝心也沉。

他的诗很美，美不在辞藻的华丽，而是那份情感的哀婉凄迷。

我不是诗评家，不知如何用专业的眼光来评价李商隐和他的"无题"诗，我只是在努力找寻心灵的契合点，用心灵去感知心灵。我说不出、道不明，或许此诗的魅力就在于此吧。

老师读《锦瑟》

每读晚唐诗人李商隐的《锦瑟》，就想起台湾作家陈启佑的《永远的蝴蝶》，总觉得这首诗文里氤氲着一种哀婉、凄迷、朦胧的美意。

读李商隐的诗总能读出哀痛，但那哀痛已不是拧不干的泪水，它不再让人肝肠寸断，不再让人扼腕叹息，不再让人悲悲啼啼。李商隐痛，且一定大痛过，所以痛到极处化了云烟。他的痛缥缈、朦胧、轻淡，淡到近乎没有，最终化成了哀婉与凄迷。痛一定浸渍过他的每一寸肌肤，覆盖过他心灵的每一个角落。他将痛扯成丝缕，抚摸千遍，咀嚼万遍，于是那痛经了理性的过滤，经了岁月的筛漏，沉淀下来的就有了迷离的美意。

浸渍—发酵—蒸馏—沉淀，这是痛之美的情感体验。李商隐正是有了这种情感体验，对痛苦的表达才是有节制的。痛不再汪洋恣肆，痛淡若云烟，痛到没有又无处不在，最终成就了一幅哀婉、凄迷、朦胧的画面。

情到浓时转成淡，痛到极处化云烟。

变则通，通则灵

——高三试卷讲评课例

高三生活，我认为最怕的是老师和学生思维的僵化，它会使日子变得单调乏味，会使人感到精神压抑、疲惫，从而导致学习的费时低效。所以，我们每个人都要学会经营自己的日子，让生活变得生动有趣。那就要动脑动手，寻求改变，找寻新异的刺激，给生活输入新鲜的血液。变则通，通则灵。常变常新，日子就生动起来，学习就高效起来。

本次讲评课的具体操作如下：

讲评形式：

专家团队经验交流与现场答疑相结合，专家团队与听众互动相结合。

操作步骤：

第一步，组建专家团队（按题型选出最近 3 次正规测试的优秀作答者）。

建议及要求：（1）各专家团队由备课组长带领认真备课，备课组长要统筹安排备课时间、内容、进度，保证备课质量。（2）专家团队交流的内容：作答方法技巧、经验心得等，最好从智力因素和非智力因素角度做多方面交流。（3）问题的讲解要有理有据，言简意赅；不要说套话，要讲真话；支招要实用，有可操作性。（4）为了使准备更加充分，课堂上应对自如，可提前向同学们进行问题征集。（5）专家团队的课堂展示形式不限，期盼有创意的、生动的展示形式。

第二步，听众就疑难问题、答题困惑进行认真思考整理，提供给专家团队；专家团队充分备课。

建议及要求：（1）对疑难问题和答题困惑进行认真思考整理，可提前递交专家团队，也可进行现场提问。问题表述要具体明确，表达简练准确。（2）认真听，动脑思，动手记，用心悟。

第三步，课堂展示。

建议及要求：（1）先由专家团队进行经验交流。（2）听众提问，专家团队现场答疑。

快哉！乐哉！快意语文！
——记一次试卷讲评活动

一、教学感悟

在这次活动中，专家团队对题目进行讲解时，不是讲一些干瘪瘦硬的技巧，而是讲了一些鲜活生动的实战经验、心得体会，且讲解生动而不乏深刻，让听众很受启发。面对听众的现场提问，专家团队做到了镇定自若、应对自如，面对共同的困惑时实事求是、坦诚相对。听众不仅对专家团队的讲解给予了及时回应（或点头以表心领神会，或热情鼓掌以表充分肯定，或摇头以表反对或困惑），面对专家团队不能解决的问题时，还积极发言、献计献策。

在这次活动中，我不再独霸课堂，而是将话语权交给了学生，课堂上实现了真正意义上的师生平等。专家团队将自己的实战经验、心得体会毫无保留地呈现给听众，展现了一种开放的胸怀、无私的品质。听众也同样将自己的解题法宝贡献出来，真正让学生体会到了"独学而无友，则孤陋而寡闻"。

在这次活动中，学生在讲解题目时，善于联系其他学科（英语、数学、生物等）的学习，实现了学科间的综合，大大提升了他们的学习能力。

二、课堂实录精选

1. 关于前5个选择题的作答策略

专家组成员范圣男的精彩回答：这次考试前5个选择题，我打眼一看能准确选出的只有两个题，但我5个题全选对了。是因为我运气好，特别会蒙吗？在做"请选出正确的选项"的选择题时，我们大家习惯用排除法，认为找出三个错误的，剩下的那个就是正确的。但用惯了排除法，往往会造成思维定式——一味地找错，这样容易导致将正确的误读为错误的。所以我改换思路，无法进行准确排除时，就找那个读起来感觉更顺的。

弭老师评：运气永远不会垂青那些不善于动脑，不善于思考，渴望天上掉馅饼的人。

专家组所有成员一致建议：在竞技状态好的情况下，相信第一感觉；一旦选好，不要再左思右想、轻易改动。

弭老师评：考试是考知识、考能力、考技巧，更是考平和的心态、稳健果断的性格。

2. 关于现代文阅读

问题一：文学类文本、实用类文本如何任选一篇作答

专家组成员孟倩倩的精彩回答：选文很重要。有的文章在阅读时感觉产生了强烈的情感共鸣，自己读得很激动。此时，我们要抑制自己内心的激动，忍痛割爱，不要选这篇文章，因为思绪太杂、太乱会导致我们在答题时理不出头绪，答不到点子上。同时，还容易出现下面的问题：我们老感觉自己的情感表达不尽，总想用更多的话语来表达，这样容易导致文字写得多，但要点缺失，故而得不到高分。

弭老师补充：读文章不产生共鸣不行，但这里应是指共鸣点太多，导致思绪纷繁。我们一旦选定一篇文章之后，就不要再患得患失、脚踏两只船，要坚定地爱自己所爱。

问题二：写字不少，得分寥寥，怎么办

专家组的精彩回答：这种情况可能是几十个字都在阐述一个观点，字虽多但要点少，所以答题角度要多，语言要简。

3. 关于作文

问题一：如何拟写文章的题目

专家组成员李群的精彩回答：

（1）合题。如果选用议论文体，最好采用"观点式标题"，能直接体现审题立意是否准确。

（2）简明。标题不宜过长，8~10个字为宜。

（3）新颖。①可运用修辞格对偶、拟人、比喻、反复等。如：《草青于春，叶落于秋》——对偶，《听寂寞在歌唱》——拟人，《打开心灵的窗户》——比喻。②可引用、化用诗句、名言、书名、歌名等。如：《梦里花落知多少》——马昊关于"有心"的作文题目，《月下独酌话高三》——李群关于"写在岁末"的作文题目。

几点建议：

（1）多翻看高考满分作文的题目，常看常借鉴。

（2）多留心生活中、媒体上富有特色的语句表达，做生活的有心人。

（3）一定先定题目，再写作文，忌最后写题目。有些同学总是把作文写完后再定题目，这样容易把文章写散，因为题目是纲，纲举目张，先确定了题目，就会围绕它去构思，行文就会逻辑清晰、自然流畅。最后定题目，往往会因为时间紧，来不及仔细思考，匆忙写就一个凑合的题目，甚至忘记写题目。

（4）题目中可适当运用数字，最好不要用英语表达。

问题二：文章的行文结构如何处理

（1）凤头。开篇用语要简洁，议论文要开篇点题。

（2）猪肚。①小标题式。一般用三个小标题，两个显少，四个、五个又太多。小标题的字数、结构最好一致。②排比段式。排比段可这样布局：开头有主旨句，中间举例议论分析，最后有结论句。举例也是有讲究、有艺术性的。比如，可从古到今，从中国到外国，从一个领域到另一个领域，从自己的孩提时代到现在，从个人到团体到国家到世界等。③场景连缀式。将生活中的场景、画面等进行剪辑组合。

（3）豹尾。①总结全文，进一步揭示主旨。②展望未来，鼓舞斗志。③抒发情怀，增强文章的感染力。④用语含蓄，发人深思。

问题三：如何进行材料的搜集与运用

专家组成员景炀的精彩回答：

建立好我们的材料库，运用好自己的搜索引擎，可对材料进行"列表"搜索。如本次作文，我起的题目是"释怀名利"，对材料进行了如下"列表"搜索：

（1）按时间搜索：中国历史上的名人、外国历史上的名人、贴近生活的凡人等。

（2）按领域搜索：文学家、政治家、社会活动家等。

（3）按性格搜索：自信进取的、宽容大度的等。

弭老师评：有见识！学习能力的获得，确实是"师傅领进门，修行在个人"。学习要靠自己的习得领悟。

神秘嘉宾，闪亮登场

——魅力 10 分钟课前演讲

一、魅力 10 分钟课前演讲

魅力 10 分钟课前演讲，我从 2007 年开始实践，一直坚持到了现在，而且每届学生的演讲都会坚持到高考前 6 月 5 日这一天。

1. 演讲内容

这么多年来，我一直坚持让学生自由选题，没给学生限制，只要求所讲内容健康向上。因为是自由选题，所以我们的课前演讲一直是百花齐放。每次学生要演讲什么，直到他们上台前我都不知道，他们的同伴也不知道，所以这样的课前演讲始终保有一份神秘感。学生的演讲内容涉及多个领域：文学、艺术、历史、政治、经济、自然、社会、体育、生活、学习、兴趣爱好等。

2. 演讲形式

2007 年刚开始时，多是纯文字稿演讲；2010 年左右，就有学生制作了 PPT，还插入了视频、音频、图片等，形式已丰富多样。

3. 演讲时间

最初定的是课前 5 分钟演讲，但 5 分钟远远不能满足学生的演讲热情，后来改成 10 分钟。但学生有讲 20 分钟的，有讲半小时的，也有讲过一节课的。曾有同事跟我讲，不能让学生占用太多时间，不能耽误老师上课，应该卡死学生的演讲时间，建议我对学生的演讲内容事先过目，该砍的砍、该减的减。我一直没有采纳这个建议，因为学生演讲热情很高，演讲态度认真，准备充分，他们演讲，未尝不是在上一堂精彩的语文课。

2009级的学生，演讲几乎到了狂热的程度，每周三次演讲，每次10分钟远远不够，我刹不住，也不忍心刹住，因为学生准备的内容实在太精彩了，每个学生的演讲都是一场视听盛宴。那级学生的演讲一直坚持到高考前一天，一点都没有影响高考，而且高考成绩非常棒！

2016级的学生刘浩川，考取了中国传媒大学新闻专业。高一第一次上台演讲时，他讲了一节课。我没有怕耽误上语文课而武断地打断他的演讲，为此，他一直感念于我。他说，正是因为那一次我的成全，让他对当众演讲有了自信。考上中国传媒大学后，他进了学校辩论队，做了辩论队队长，后来参加了综艺节目《奇葩说》的录制。

课前演讲成了一届届学生最喜欢的"弭老师特色语文课"之一，也成了一届届毕业生叮嘱我一定要保留、坚持的弭老师语文课"保留节目"。

二、学生眼中的特色语文课

2009级学生毕业后，那年的教师节，我收到了他们的很多祝福短信。在这些短信中，他们都表达了对高中语文课堂的怀想。他们想念我们的创意课堂——语文活动探究课，想念我们的"课前演讲"及其带给他们的不一样的高中生活。

在短信中，几乎每个学生都嘱咐我，一定要把这些活动坚持下去，尤其是"课前演讲"。这成为毕业生集体的呼声。

李平宇、杨明塱对我说："老师，我们俩都不会说恭维人的话，却想表达真实的感受：感谢老师！感谢您带给了我们不一样的高三生活。高三生活会让我们终生难忘，我们会永远怀念我们的高三语文课，我们会永远感激您！您没有让我们感觉到高三生活的枯燥、单调、压抑，每天的语文课成了我们共同的期待。我们的课前演讲不仅没影响我们的功课，反倒大大促进了我们的学习。您是一个最不看重成绩但教学成绩最好的老师。"

"斯特拉"在我的博客中留言道："无论是很久之前的墙报还是持续至今的课前演讲，每堂语文课都是我们热切的期盼。18岁的我们，开始认真地思考人生，想象未来。我们练就了'天塌地陷，我自岿然不动'的魄力，更懂得了'人淡如菊'的境界。马上就要填志愿了，这意味着我们即将成为大学生，但是，作为我们'生命中的重要他人'，老师，我们永远感激您！"

三、有一种快乐叫发现

1. 他的演讲，惊艳全场

杰已高中毕业三年。自从他毕业之后，我们虽然没有联系，但我还会时常想起他。在我近30年的教书生涯中，在我教过的数不清的学生中，他的确算是个特殊学生。

杰读高中时，所在的班是个文科实验班，班里有不少尖子生。杰的座位就在我讲桌的一边。那时文科班人多，讲桌两边都安了座位。我每天上课时，杰就静静地坐在那里，低着头，默不作声，不见他动口读，也很少见他动手记点什么。

一日，我把他叫到教室外跟他聊天，鼓励他上课用心听讲。他说："老师，您真不用管我，我真不会听课，我打小就没认真听过课，现在想听也听不懂了。"他跟我说话的样子很真诚。

自从那次聊天后，每次我去上课，见杰静静地坐在讲桌边的座位上，就有点同情他。想想他每节课都无所事事地坐在那里，一天那么多节课，应该是一件很苦的事。

那一年，我除了教杰的班，还教一个理科实验班。两个班都搞着课前演讲活动。令我想不到的是，一向在班里默默无闻的杰，登台演讲时竟把我惊着了，把全班同学惊着了。他的演讲，惊艳全场！

他讲的是关于抗战的内容，没有讲稿，没有 PPT，空着两手就走上讲台，站在台上却是气定神闲、侃侃而谈，风度堪比《百家讲坛》上的教授。

演讲结束，全班掌声雷动。那一次杰的演讲，颠覆了我评判学生的观念、标准，也颠覆了学生评判同伴的观念、标准。

演讲之后的杰，又在座位上默默地坐着了。

2. 老师，我能再讲一次吗

杰："老师，我能再讲一次吗?"（杰试探性地问我，因为按顺序还轮不到他。）

我："可以。"（他似乎没想到我会毫不犹豫地答应。）

杰："第一节课还是第三节课?"

我："就这一节，第一节。"

杰走上讲台，依然像上次那样，没带稿子，也没有 PPT。他先表达了对我的感激，然后开始了他的演讲。他这次演讲的内容是关于篮球明星的。

他从 6：40 讲到 7：05，侃侃而谈，对篮球明星如数家珍。他的记忆精准，表达流利，思路清晰，让所有听众惊羡佩服！

上次演讲是精彩的！这次也同样令人震撼！

杰演讲完毕，我有些激动地发表了听后感言："按'木桶理论'来讲，杰绝对是有长板的人！他站在台上演讲，自信、自然、自如，他的演讲口才堪称一流！这是自 2007 年我开展课前演讲以来，所见到的演讲起来口齿最清晰、表达最流利的孩子。只要你想演讲，我永远为你亮着绿灯！"

作为老师，不要戴着有色眼镜看自己的学生，更不要单拿考试分数来评判自己的学生；作为同学，不要戴着有色眼镜看自己的同伴，每一个同学都不可小觑。作为老师，要做的就是多搭设平台，多给大家提供自我展示的时间和空间，努力唤醒学生好学上进的心灵。

有一种快乐叫发现！期待杰成为可造之材、有用之材！

杰尽管学习成绩不理想，但在演讲方面却表现出了优秀的素质，让所有同学惊羡不已。在课堂演讲上，我给他开了绿灯，尽量给他提供展示的机会，也想以此方式激励他、鼓舞他。

德国著名教育家第斯多惠说，教学的艺术不在于传授本领，在于激励、唤醒、鼓舞。作为杰的老师，我希望在我的课堂上，能给杰种下更多自信的种子，耐心等待他开花。

3. 演讲余波

我把自己写的关于杰演讲的教育随笔发到了班级家长群，随后收到了杰的妈妈发给我的QQ信息。

> 弹老师，您好！打扰您了，我是杰的妈妈，看了您写的随笔，我们很感动，谢谢您！您让我对杰有了新的认识。实话实说，在孩子的教育上，我们很自责，没有看到他的长处和优点。他犯错的时候，我们多是简单粗暴式的教育，很少进行理智的沟通疏导。谢谢您！您不仅教育孩子，还让我们家长受益匪浅、反省自己。
>
> 弹老师，您能把杰的演讲视频发给我吗？我们想看看！谢谢您！

我的回复：

> 杰妈妈好！视频已发给您，是我用手机录的，技术不过关，见谅！改变孩子，先从改变我们自己开始吧。我们虽已为人父母，其实在教子方面，我们都是摸着石头过河，我们都应该不断反思、不断学习。

杰妈妈回复：

> 谢谢弹老师，您的话对我和孩子爸爸触动很大，今天我们一直在反思，是您点醒了我们，十分感谢您！

第五辑

那些成长节点上的书信和演讲

这些宝贵的书信和演讲，记录了学生的生活、拼搏和成长，也见证了我对他们的关爱和期望。

如何走好这关键的一步

——在 2002 届 2 班家长会上的发言

尊敬的各位家长、领导、老师们、同学们：

大家好！

听了各位家长写给孩子的信，我深受感动。我们的家长不仅从生活上给了孩子无微不至的关爱，在学习上也给予了孩子极大的关心和帮助，有这样的家长作为坚强的后盾，对于高考成功，我们又添了许多信心。

同学们的发言，也使我颇受震动。我们 2 班的同学有鸿鹄之志、有冲天豪气，知感恩、有孝心，作为你们的老师，我感到很骄傲。能得天下英才而教之，是我们人生中的一大乐事。

今天是 12 月 21 日，离高考还有不到 200 天的时间。200 天对于人的一生来说何其短暂，但这 200 天却会成为你们人生的转折点。作家柳青说过："人生的道路虽然漫长，但紧要处常常只有几步，特别是当人年轻的时候。"如何度过这 200 天，如何走好这关键的一步，我谨代表 2 班的所有任课老师，谈几点看法，希望对大家有所帮助。

第一，满怀信心，备战高考。

一个军队要打胜仗，靠的是必胜的信念、高昂的士气。你们要想打赢高考这一仗，就要把自信心放在首位。失去了自信心，一切都是枉然。你们是章丘四中第一届实验班，你们当中的每一位都是高三学生中的佼佼者，你们的目标不应是考个本科而已，而应是考名牌、进重点，去理想的学府深造。面对高考，以你们的实力和潜力，应该无所畏惧、踌躇满志。雄鹰都渴望在蓝天中翱翔，骏马都渴望在草原上奔驰，你们应该在高考考场上逞英豪。

你们处在一流的学校，拥有一流的老师，自己又是一流的学生，你们不成功谁成功？你们不成才谁成才？人活着就得有一股豪气，面对高考，要有一种当仁不让、舍我其谁的英雄气概。有了这种气概，你们一定能正常发挥甚至超常发挥。毛泽东有诗云："自信人生二百年，会当水击三千里。"

第二，严谨踏实，戒骄戒躁。

我们学校的几届高考状元，如张良、王冕等，他们的成功都证明了这样一个事实：最后的成功者，不是那些智力超常者，而是智力良好、治学品质严谨踏实的人。目前，制约我们学习的重要因素，不是智力，而是这种品质。毛泽东说过："世界上怕就怕'认真'二字……"如果我们做到了真正意义上的严谨、踏实、认真，从一个汉字的书写、一个外语单词的拼写，到一道数学题的演算，都做到滴水不漏，那成绩就会上一个档次。

第三，心态沉静，耐住寂寞。

任何人的成功，都不是在嬉笑玩闹中造就。尽管外面的世界很精彩，但人生有得必有失。耐住前进道路上的寂寞，让这200天的经历成为你们征服困难、征服自己的奋斗史吧。有人说，高三生活是一部心灵受难史。但我认为，只有懦夫才会这样认为。我们是强者，高三理应成为我们努力奋斗的时期！当然，奋斗的过程中充满酸甜苦辣，每一个人都要面对来自学习和生活上的成败得失，我们应该拿得起放得下。很多考场上的败将，不是输在知识的掌握上，而是输在心理素质上。我们应历练出一种沉静的心态：成功了不沾沾自喜，失败了不耿耿于怀。我们需要的是清醒理智的反思。学会了反思，我们的学习就不是以狂热为动力，而是走向了理智与成熟。这既是一种能力，也是一种学习的境界。请记住，太想赢反而会输，平静地学，放开地考，一定会赢！让我们从容生活、从容学习，做到"宠辱不惊，看庭前花开花落；去留无意，望天上云卷云舒"。

今天，我代表高三·2班的全体老师表明我们的态度：无论接下来200天的日子多么艰辛，无论最后一段路途多么坎坷，我们都将是你们最坚强的后盾、最有力的支持者。在教学上，我们会倾我们所有，帮助你们查缺补漏，整合优化知识结构，培养你们严谨踏实的治学品质；在思想和生活上，我们会做你们的益友，视你们为亲人，你们有困难我们会鼎力相助，你们有苦恼我们会给予疏导。任何人任何时候需要我们的关爱和帮助，我们都会无私给予。

200天，老师将与你们并肩作战、风雨同舟！有家长的深情关爱、大力支持，有老师的认真敬业、并肩作战，有大家的聪明勤奋、严谨踏实，2002年的高考，我们高三·2班不称雄谁称雄？2002年，让我们师生一起抒写高三·2班高考的辉煌！

写在文理分科之后

——我的旗下讲话

老师们、同学们:

大家好!

今天,我想跟大家聊聊文理分科之后,应该如何应对自己的学习和生活。你们按新组建的班级上课已一周有余,根据我的观察和了解,最近几天,有些同学待在自己的新班级,越发怀想自己先前的班级、同桌、同学、班主任、任课老师,感觉回到自己的"老家"才心安踏实。

看到、听到这些,我的第一感觉是大家是重情重义的可爱的人。同学们在一起生活学习了半年,从陌生到相识,从相识到相知,从散漫的个体到融洽的集体,半年的相处磨合,大家已建立了深厚的友谊。分开之后,让大家全然不想过去是不现实的,因为怀想是人之常情。

同学们,学文或学理,是你们自己做出的选择。对于自己的选择,要有勇气去面对、去坚持。可能有的同学抱着这样的想法:在这个新班里学学看,不行再调班。如果有这种心态就做不到执着一念,不执着一念就很难成功。我想告诉大家:既然选择了就要坚持下去,断掉后路,直面现实,全身心地投入学习。

来到新的班级,大家应该以什么样的心态去面对新的同学、班主任和任课老师呢?

我觉得大家应该以赏识的眼光看待他们。这样你们就会发现他们身上的闪光点，会向他们学习，完善自己。

以赏识的心态对待他人，你们才会成为谦虚好学之人；学习他人的长处完善自己，你们才算得上智慧之人。

那些待在原班未动的同学，或许会因为一切照旧而缺乏激情。我认为，激情不可缺，没有激情，精神就会萎靡，头脑就会僵化。你们正值青春年华，应该激情洋溢。每个人都努力这样做，就能营造出斗志昂扬的班级氛围，在这种氛围中的队伍一定能打胜仗。

同学们，请拿出勇气、直面现实，断掉后路、爱己所爱，赏识他人、谦虚大度，做充满激情、斗志昂扬的人！

写在岁末
——一份迟来的作业

斜月沉沉

在弭老师的博客中，我读到了小我七八岁的学弟学妹们的文章《写在岁末》。文章字里行间流露出的是对自由、真爱的信仰，这是独属于青春的个性张扬，令我感觉温暖、赤诚。谢谢学弟学妹们！今天，我也写一篇同题文章，再给弭老师交一次作业。

——题记

人一生中会遇到很多老师，有些老师是生命中擦肩的过客，有些老师却成了生命中的重要他人。我一直都很感激弭老师。在高中那段年少轻狂的岁月，那段迷惘而看不到明天的岁月，我从弭老师那里得到的是一种人文主义的关怀。这些于我，比多学几个公式、多考几分有用得多。参加工作还不到4年时间，我不能确切地说，那些理科的知识于我的生活没有大用，可越来越深刻地感受到一个人始终葆有人文和浪漫情怀，葆有对自由、真爱和梦想的追求，是那样可贵。

写在岁末，回想着一年里的种种变化。最容易看见的是，工龄和工资的增加，工作经验和阅历的增加。角色发生了变化，做了别人的丈夫，生命中又多了一种角色、一份责任。结识了更多的朋友，没事的时候，喝酒、聊工作、谈人生，做着貌似不属于这个岁数的事，其实都是心理仍不成熟的表现。人多的时候，常常伪装坚强；独自一人时，却觉得不能承受生命中无法言说的痛。有时候，想哭，却失去了泪水。成熟起来的，似乎只有身体。

生活，不知道是越来越好，还是越来越差。吃得似乎越来越好，肉蛋奶的比例越来越高，但身体却越来越差；懂得要经常运动，业余时间去踢足球、打羽毛球；学着尽量不加班，工作仅仅是一份工作而已，不是生活的全部；学着为了梦想懂得放弃，似乎在印证那句"男人成熟的标志，就是懂得为了梦想而卑贱地活着"；学着多陪妻子，多陪朋友；学着在别人伤心的时候，送上诚挚的安慰；学着讲义气，为朋友两肋插刀。

生活被报告、文件、图纸、汇报、统计表格、跟踪表格等所充斥，梦想被挤压到生命的一隅，不能展开；也或已蒙尘，只在博客里留下关于梦想的只言片语。

梦想是什么？曾经的梦想是走过天山，看过敦煌，游遍全世界；曾经想当个作家或词作者，用笔把心中那些美好的事物一一抒写出来。可是从 2008 年后，千字 200 元的稿酬已无法激起我写字的冲动，心底那些美丽的文字也渐渐离我而去。博客中的文字干涩得像是一篇篇字斟句酌、逻辑严密的报告，虽然结构完整，有原因、有措施、有风险、有建议，但没有温度和生命。

有时也想，我不过是芸芸众生中的一个，没头没脑没梦想地像猪一样活着，有何不可？我有一份工作，一年近 15 万元薪水。不知是这份工作把我捆缚了，还是我太过迷恋金钱，失去了追求梦想的勇气。不甘的只剩下心境，只剩下偶尔不甘。

或许所谓的梦想，在现实面前，都是那样一文不值。饿了，吃馒头顶用；吃梦想，呵呵。

人一旦物质，一旦现实，就会功利，就会变得没有尊严。其实自己应该明白，即便如何向梦想低头，都不能丧失自己的底线，尊严无价。

在物质的世界里，才会明白自由、真爱的伟大，其实每个人原本都有这个慧根。

写在岁末，知晓生命的宝贵，所以要锻炼身体；知道青春的珍贵，所以有梦要勇敢追。

只有经历过大地震的人，才会明白刹那间生死离别的痛，才会明白生的意义、梦想的意义。

我们都要美好地活着，怀抱青春怀抱梦（这是我曾写过的一篇文章的名字，是我22岁生日时写的，现在无论如何也写不出这样的文字了），善待他人和自己，心始终仰望阳光，追逐自由和梦想。

学弟学妹们，你们正年轻，我们都还年轻，好好生活，努力学习工作。因为我们是珥老师的弟子，不应忘记恩师的教诲。我对自己说，对你们说。

因为遥远，无法面批你的作业

——给斜月沉沉的回信

你高中毕业8年了，又交来了一份作业。因为距离遥远，无法面批，我只能读你的信。读信如见面，倍觉亲切。

高中毕业8年，工作近4年，你的确变了不少，单是体形就发生了不小的变化。去年国庆节你来我家里看我，我见你比高中时胖了不少。胖总还是让我感到欣慰，就像母亲见到多日不见的子女，看到胖总比见到瘦，让人心里安慰。工作4年，你将自己浸泡于社会的染缸，不变亦得变。随俗浮沉，也是生活的必须。但今日读到你的文字，又觉得你没变，没变的是你的性情。在岁月的裹挟中，在社会的浸染中，你还时常寻一个安静的时段，用文字鞭策自己的心灵。还能见到你内心常有的矛盾与冲突、自省与追问，我欣慰、心疼。我甚至想，不如甘心被社会浸染，染个彻头彻尾，那样便会少一些心灵的苦楚。但你又偏不是那种人，心灵时而屈就时而挣扎。我欣慰、心疼，但不担心。我相信，无论如何浸染，你都会守住自己的心。

今日读你迟来的作业，很开心，祝好！

致 23 班学生的一封信

——写在学生艺考归来

我是高三开学后开始教你们的。与你们相识俩月有余，大家就纷纷奔赴外地去学专业课了。在外求学、考试近四个月，大家归来了。

得知大家于 3 月 7 日晚 6 点就能返校，我开始回忆大家的名字与面孔。昨天已见到几个同学，那笑容让我倍感亲切。

在外求学、考试的日子，是你们在生活中独当一面的时候，相信人生中有了这段经历，你们一定成长了不少。你们可能顺利、开心、快乐，可能受挫、发窘、痛苦，但正是这些体验丰富了你们的心灵，锻炼了你们的心智。这是人生中不可多得的财富，正如有人说的："生活不在于活得好，而在于活得多。"

奔波艺考的日子结束了，或许不少同学的心在等待中一时还难以安定下来，但高考的日子毕竟愈来愈近了，大家必须投入文化课的复习中了。

聪明的人，知道在不同的人生阶段，自己最需要做什么。努力拼搏，用心专一，相信三个月也能创造人生的奇迹！

老师相信你们！相信你们的聪明才智，相信你们的自制力，相信你们的吃苦精神和意志力！

祝福大家！

做个内心强大的人

　　这个班（2013 级 2 班）的孩子，我只教了他们高一。由于工作变动，暑假后我没能继续教他们。班主任范老师跟我说："您已不教他们好长时间了，孩子们还一直念着您。您给孩子们写封信吧，这样见字如见人。"我依了范老师，于是有了下面的文字。

　　最近我读了一篇文章，很喜欢里面的一段话："经历过，体验过，人就变得温柔，对所有发生的事情都能释怀。一切都是被需要，没什么不好。只要我们内在变得坚强，就没有所谓分离、伤害或痛苦，活在世上，就可以了无牵挂，变得自由。"

　　我想告诉自己和我所热爱着的所有人：敞开胸怀，接纳上天给予我们的一切，无论是挫折还是顺利，是失败还是成功，是痛苦还是欢乐，是分离还是相聚，是疾病还是安康。为了更好地生活，我们应该学会的是接纳，而不是抗拒和躲避。当成功、顺利、欢乐、安康来了，我们坦然受之，真诚地感谢上天给予我们的奖励。当挫折、失败、痛苦、分离、疾病来了，我们也欣然受之，不必捶胸顿足，不必气急败坏，不必慨叹命运不公，真诚地感谢上天给予我们的历练。上天送来的东西都将是成长的必需，只要我们的内心足够强大，我们从中获取的必当是成长所需的营养。

　　强大的内心不是刚硬无比，而是襟怀坦荡、宠辱不惊，享受得了成功，也扛得起失败。做内心强大的人吧，不必征服他人，征服了自己的内心就征服了世界。做内心强大的人吧，享受一份生活独有的快乐：从容而不急趋，自如而不窘迫，审慎而不狷躁，恬淡而不凡庸。

相持阶段，拼的是熬劲

——写在距高考 25 天之际

今天是 2017 年 5 月 13 日，距高考还有 25 天。备考行进到此，就如同战争进入了相持阶段。密集的考试，高强度的训练，起起伏伏的成绩……但大家在咬牙坚持。作为老师，我为每个同学点赞！

剩下的日子，是磨砺意志的日子，磨砺老师，磨砺家长，磨砺在座的你。老天爷就是要揉搓你、打击你，看你是缴械投降，还是咬牙对抗？看你是躺倒不干，还是努力撑住？

还记得《亮剑》中的骑兵连连长吗？到最后全连就剩下了他自己，他也要发起最后一次冲锋，以致日本鬼子不得不敬服地说："一定要厚葬这个支那人。"

相持阶段，是对意志的最大考验，就像登山队员拽着他的同伴攀登悬崖。他就要撑不住了，他的手在抖，此时的他，只要信念一倒，手马上就会松开；一旦松开，同伴将会跌落悬崖。此时，他必须告诉自己：咬紧牙关，绝不松手。相持阶段，拼的是熬劲！

你的成绩也许起起伏伏，你的成绩也许徘徊不前，你着急、焦虑，觉得 25 天不可能有什么奇迹，一切都已成定局。但成绩看似未动，却是力量的蓄积；成绩看似没有提升，却是意志的磨砺。25 天，你要敞开心怀，迎接所有的打击，把自己炼成一块能够承受一切击打的石头，25 天后的你，定会是考场上的胜手！

人人都需有梦想

——在梦想许愿节上的发言

尊敬的领导、老师们，亲爱的同学们：

大家下午好！

今天我发言的题目是：《人人都需有梦想》。

3 月 13 日那天，我批阅学生的读书笔记，孟姣同学在笔记中摘录了著名诗人北岛的诗句："那时我们有梦，关于文学，关于爱情，关于穿越世界的旅行。如今我们深夜饮酒，杯子碰到一起，都是梦破碎的声音。"她写下了这样的感言："有很多人说，梦想是属于年轻人的，这不无道理。因为随着人生的继续，我们会受到越来越多的牵绊，会变得越来越现实、越来越世故，梦想逐渐沦为一个被人瞧不起的走失的小孩。但我觉得无论何时，人都应当有追求、有梦想。不然你就会成为一个只为生存而活着的人。梦想破碎并不可怕，可怕的是从此失去追梦的热情和勇气。"

孟姣讲得真好！她的话叫醒了我。无论何时，人都应当有追求、有梦想，即便到我这个年龄，也应该有梦想。真心感谢我的学生，她在帮助我成长。教学相长，的确如此。

同学们，今天我站在这里，参加你们的梦想许愿活动，我认真地问自己：我已近 50 岁，我不是个油腻的中年男，我是一个肥硕的中年女，我还需要有梦想吗？我的回答是：需要！

同学们，我为什么还要有梦想？我虽已近50岁，但我不想让自己活成一副老朽的模样，我跟我的学生讲："拒绝做油腻的中年男，拒绝做庸俗的中年女。"我要陪伴一群有梦想的孩子成长，要让他们爱上我的课堂；我要引领他们飞向更高更远的天空，帮助他们成人成才。

记得高三刚开学时，我和同学们共同做了这样一个题目：《踏进高三的门槛，我最想对自己说》。我这样对自己说："满怀热诚，心态沉静，努力把生活过得既有意义又有意思。"这就是我的梦想。

我需要有梦想，我们人人都需要有梦想。过去讲"火车跑得快，全靠车头带"，而现在每个人都要有梦想的驱动力，我们不再是一个靠车头带的绿皮火车，我们要变成动车组。我们四中梦的实现，要靠你们大家，高三、高二、高一、初三、初二、初一的全体同学，你们要成为有梦想的动车组。

有梦想，人生才有方向；有方向，人才有干劲。撸起袖子加油干，为了梦想的实现！

当然，梦想的实现，绝不能只靠挂在嘴上的誓言。我要实现我的梦想，让学生爱上我的课堂，我就要付出努力。我要有一双善于观察的眼睛，一颗善解人意的心灵，一个善于思考的大脑。我需要通过多种方式，获取最真实、最准确的学情；我需要运用智慧，让课堂生动、精彩、丰富；我需要坚持读书、思考、写作，努力做一个有温情、会思考、懂情趣的语文老师。我努力去做这些，不做给任何人看，为了自己的梦想，我愿意。这是一种有尊严的自觉、自愿。我坚持写教育随笔，及时与学生分享，这成了我独特的语文教育资源，我享受创作的快乐、分享的幸福。我想告诉同学们："自己的日子就得自己经营，没有谁会成为你的救世主，能救自己的只能是自己，梦想的实现就得靠自己。"

请记住：有梦的青春最美丽，奋斗的青春最美丽！

同学们，让我们在2018年心愿达成，获得人生的成就感和幸福感。祝愿所有的老师和同学在2018年心想事成，祝愿我们的学校2018年步步登高、灿烂辉煌！

第六辑

教书，我很幸福

　　作为老师，我不需要谁来认识我，我不需要谁来赏识我，最美的发现在学生的眼睛里。置身于那片闪烁的星光里，我就是天底下最幸福的人。

做一个真实的人，赢得学生

看过一篇博文《名师管理课堂的经典细节》，其中著名特级教师张化万说："做一个真实的人，真实的遗憾比虚假的完美更加动人，更加具有生命力。从教学的角度而言，真实更是必不可少的，很多优秀的教师都能很坦率地以'真实的人'的形象出现在学生面前，反而赢得了学生的尊重，学生也因此爱听他们的课。"

做一个真实的人，以自己的坦率、真诚去赢得学生，实际上是以自己赤诚的人格魅力赢得学生。老师在学生面前应不怕露怯，更不应护短，要勇于"榨出皮袍下面藏着的'小'来"。在学生面前，勇敢地、真诚地自嘲，这是老师自信、幽默，有真性情的表现。

"大人者，不失其赤子之心者也。"一个语文老师要不失真性情，这样才会受到学生的喜欢。

我和学生一直在做课前演讲。有时学生站在讲台上，讲足球、篮球等，讲得眉飞色舞；我则坐在下面，洗耳恭听。对于球类运动，我是绝对的门外汉，于是我跟学生说："不怕同学们笑话，直到 2008 年，我才知道了科比是谁，而且是通过你们的演讲知道的，在这方面老师拜你们为师。"

我的诚恳表达，让学生认识到老师也有自己的短板，每个人都不是完人，从而对自己有更客观、更准确的评价，既不妄自尊大，也不妄自菲薄。

　　有时我会在合适的时候，用幽默得体的语言给学生讲一下我们一家三口的故事。这样学生不仅了解了工作中的我，更了解了生活中的我，从而会更加亲近我。

　　在学生面前，老师不必把自己包裹得太严实，要让学生了解工作中的老师，生活中的老师，不同角色的老师：作为老师，作为配偶，作为家长，作为子女……了解了，才会更亲近。

　　让我们走下教坛，走近学生，做一个真实、可爱、情感丰富的人，做一个让学生喜欢的老师。

想念·祈愿

　　大学放寒假了，读大学的学生一批批来看我了，说是想念我，想念我们的课前演讲，想念我们的语文课堂。

　　他们说，上了大学，最令人遗憾的是：理工科的学生没有语文课！他们说，没有机会再听我的语文课，感觉精神上像缺了营养，生活质量下降了。他们说，真想坐在教室里再听我上课，再把全班同学召集起来进行课前演讲。他们知道，现在每周四是我的学生课前演讲的日子，所以李平宇、杨明罂、李磊、孟祥雷、纪晓晖、王伟业等几个学生就专门挑周四这天来看我，他们想坐在教室里听学弟学妹们演讲，回味自己美好的高三生活。

　　他们说，大学里太缺像我这样的精神导师了，老师对学生的精神、思想、心理、情感的关注较少。读了大学，他们很多人找不准人生的目标和方向，有些茫然，有些惶惑。他们知道日子是不能这样过下去的，但又不知道究竟应该怎样过。于是，他们常去我的博客上看看，说是去汲取营养。

　　可惜，我的博客更新得实在不够及时。由于工作忙碌，我无暇读更多的书，涉猎更多的领域，不能给学生提供更丰富的精神食粮，我感觉很惭愧。为了这些渴望汲取精神养料的学生，我应该更勤奋才对。

　　在大学里，学生应该有理想，对人生有思考、有规划、有设计。大学时代，是求知的黄金时代，祈愿我的学生珍惜！

叫我如何不感动

那日，学生 YL 来办公室跟我聊天。

YL："老师，我现在上每一堂语文课都非常感动，你说这是为什么？"（YL 一脸困惑。）

我笑了笑，没有马上回答。

YL："随着你教我们的时间的增加，我们越来越了解你，了解了你的教学风格，了解了你的为人。同学们谈起你，都认为你是一个具有很高境界的智者。"（YL 真诚到近乎虔诚。）

听到学生如此这般地夸奖我，正在一旁玩电脑的儿子忍不住看了 YL 几眼。

尽管 YL 说这些话时真诚到近乎虔诚，我还是忍不住哈哈地笑了。我觉得学生把我抬得太高了，我有些受用不起。

我："你把你老师说成神了。"

YL："不，老师，这是真的。老师，我感动，您说到底是什么原因呢？"（YL 真诚地问我，很期待我能给她做出解释。）

近来，在语文课上，连我自己也很感动。感动于什么？感动于学生的课前演讲。尽管他们高三了，但他们的课前演讲不仅坚持得很好，而且演讲内容越来越丰富，形式越来越新颖，由先前的纯文字稿，变成了现在的百花齐放——文字稿、精美课件、精彩视频。每周一、三、五的课前演讲成了师生的共同期待。我不知道学生会带给我什么样的惊喜，却每每让我大开眼界，我为学生有这样的才华欣慰不已；学生不知道同伴会带给他们怎样的视听盛宴，却每每对同伴的才华惊羡不已；学生不知道同伴演讲完之后，我将发表怎样的即兴感言，我的感言成了我的即兴演讲，也同时成了学生的美好期待。

心怀期待—视听享受—惊羡佩服—互相欣赏—跃跃欲试，这成为课前演讲的师生共同的心理流程。我没想到高三了，学生还能把课前演讲做得如此丰富多彩、创意无限。从课前演讲中，我看不到学生的焦虑、疲惫、牢骚、烦躁，看到的是乐观、淡定、诗意、创造性。课前演讲，成为我探查学生心态的最佳平台。

高三，我们的语文课，满溢诗性和创造性。高三，我们的语文课，叫我如何不感动?!

我的幸福在课堂

我时常在心里盘问自己：成就感是什么？幸福感是什么？成就感来自哪里？幸福感来自哪里？人最应该追求的是成就感还是幸福感？人最需要的是成就感还是幸福感？

作为老师，我们的成就感来自哪里？讲了一堂颇受他人好评的优质课？所教学生成绩优异，多人考取名牌大学？被评为名师或各类先进，有一大堆荣誉证书和头衔？

成就感等于幸福感吗？盘问自己之后，我确认：成就感不等于幸福感。

成就感，争的是输赢，为的是脸面，是和他人比，是一种"向外求"的精神追求。

幸福感是不攀、不比，不争、不抢，我做事，我愿意，我喜欢。幸福感是一种适切自己心灵的自我满足，是发诸内心、不慕虚荣，是一种"向内求"的精神追求。

我们不可能活成完全不要功名利禄的神仙，也许年轻时多追求"向外求"的成就感，但随着年龄渐长，就多追求"向内求"的幸福感了。

想起昨晚儿子请我和我的朋友（他的老师）吃饭，儿子评说："你和老师看上去都很年轻，属于逆生长的人。"我回道："我们都是心地善良的人，所以面目不狰狞；我们年纪渐老，但依然有追求，依然热爱课堂，享受课堂。"儿子道："活出了状态！"

我一天中大部分生活在学校、在课堂，那我就要有所追求，而不是疲于应付。我用心经营我的课堂生活，源自我愿意，不是谁在逼迫，也不是为了谁。如果非要说为了谁，首先是为我自己，为了让自己开心、惬意、满足、幸福。我不想把课堂经营成这样：做题讲题，讲题做题；枯燥乏味，干瘪瘦硬；一成不变，老气横秋。即便是高三的课堂也不能这样，或者说高三的课堂更不能这样。这样的课堂见不到创造力，见不到生机和活力，使生命委顿，缺乏惊喜。我不喜欢，相信十七八岁的孩子更不喜欢。我不想厌教，更不想让学生厌学。我想让学生对每一天的语文课充满期待，我想在课堂上见到学生饱满的情绪，灵动的眼神，活络的大脑，伶俐的表达。

所以，我和我的学生一起，努力经营我们的自主体悟式活动课堂、心灵美食语文课堂，打造我们的魅力语文课堂、幸福语文课堂。

做老师，我很幸福

　　追求幸福，是每个人活着的动力；拥有幸福，是每个人活着的意义。作为一名老师，一名教育工作者，我的幸福源自哪里？

　　当我目睹我的学生，学业在一天天精进，思想在一天天成熟；他们学会了做人，学会了学习，我便觉得幸福漾满我的心底。

　　想起400多年以前，法国著名作家蒙田在谈及教育时说过的话："我们只孜孜不倦地去充塞我们的记性，任我们的悟性和良心空虚。"这句话时常让我陷入反思：教育的终极目的不是把学生培养成知识的存储器，而是要把他们培养成具有自立精神、科学态度、人文情怀的高尚的人。所以，教师对学生的教育应从多方面入手，使他们具有正确的情感态度、良好的气质性格、高尚的思想修养、过硬的心理素质、和谐的身心发展，这是参与未来国际竞争必备的素质，是让学生终身受益的东西。

　　如何让教育真正走进学生的心灵，做到"春风化雨，润物无声"？如何让教育真正成为"一棵树摇动另一棵树，一朵云唤醒另一朵云，一颗灵魂唤醒另一颗灵魂"的教育？如何让作为施教者的我们感受到来自心灵的幸福？

　　我常常思考这些问题，思考什么是最好的教育资源，什么是最好的教育手段。老师或成功、或失败的经历，或痛苦、或欢欣的体验；老师人生的种种阅历，对生活的理解与感悟，做人做事的态度，这些都将成为我们从事教育教学的独特而鲜活的资源。我把这些涂抹成文字，这些来自我生命体验的东西，成了我与学生心灵对话的宝贵资源。它丰富了我的课堂，增进了我与学生间的了解，使我们的师生关系变得和谐而美好。

每当学生听我读我所写的教育随笔时，教室里就会默无声息，学生完全被打动了。记得一些学生在随笔中写道："听完弭老师的文章，我们学会了反省自己。弭老师不仅教给我们知识，更教给我们做人做事的道理。"

弭老师告诉我们：以豁达之心处世，以坦荡之心做人，以老实之态工作。（《我的座右铭》）

弭老师告诉我们：工作着才能美丽着。人应该打起精神来应对生活，不要拿太多的时间咀嚼病痛，这会消磨掉生命的锐气。身体可以病痛着，但生命应该洋溢着盎然的春意。眼睛缺失了神气，容颜会变得枯槁；生命缺失了春意，形体会变得干瘪凋零。（《病中杂记》）

弭老师告诉我们：当一种不幸已成为事实，那就接受它，生活里没有承受不了的苦与痛。我常对自己说：上天是觉得我能承受得起这些苦痛才给我的，它是想让我变得更加勇敢与顽强。（《忆起那间小屋》）

弭老师告诉我们：失败，是噙满泪水的经历，我们应正视它，因为它是我们参悟人生、修成正果的必须。生命必须承受之重。身心经历过痛苦的磨砺，灵魂经历过艰难的裂变，我们才会觉得生命愈加纯净，心灵愈加丰盈，思想愈加成熟。（《生命必须承受之重》）

我忘不了课堂上学生听完我的文章后那湿润的眼睛、动情的脸庞；我忘不了感恩节那天学生发来的短信：感谢弭老师对我的教导和培养，因为有您，在学习上我少走了不少弯路，才让自己成长得更好。师恩永不忘！

想起这些，我便觉得作为老师，我不需要谁来认识我，我不需要谁来赏识我，最美的发现在学生的眼睛里。置身于那片闪烁的星光里，我就是天底下最幸福的人。

师者·学者

2013 级 2 班　王慧

　　她在我心目中既是传道授业解惑的师者，又是在知识的隧洞中探索前行的学者。她就是我的高中语文老师——弭老师，最像语文老师的老师！

　　从小，我的脑海中就隐约站立着这样一个语文老师的形象——亭亭玉立、明眸皓齿。可现实是，我的小学语文老师是一个年过半百、一丝不苟的男老师。我的初中语文老师是一个热爱文学却有些懒散的师者。于是，我便将对语文老师的所有期待寄托在高中语文老师身上。

　　那种期待一直持续到高中第一堂语文课的前一秒。"千呼万唤始出来"，语文老师顶着亮晶晶的前额，惊喜地睁圆了近视的眼睛望着我们，我儿时的期待再一次破灭了，但一种莫名的感觉涌上心头，那是一种母亲般的温暖。朴素得体的装束，朴实坚定的话语，面若春晓之花，色如中秋之月，这便是我对她的最初印象。

　　经过一个多月的相处，我对弭老师有了进一步的了解，她给我的感觉已由最初印象——"妈妈"老师而成为真正的师者、学者。

　　作为师者，她不仅做到了传道授业解惑，而且和我们一起成长，享受学习带来的快乐。课前演讲、走廊文化、汉字听写大赛等丰富多彩的语文活动，让我们明白了"生活就是语文，语文就是生活"的道理。每当同学们上台演讲时，她会像我们一样兴致勃勃地坐在台下，手里握着笔，眼里闪着光，听同学们演讲。她是那样谦虚，对台上的同学是那样欣赏！

　　让我真正领略到她师者风范的是她上的《师说》那堂课。课堂上，同学们对《师说》的中心论点产生了分歧，此时她没有照搬教参上的说法，也没有武断地反驳学生，而是回到办公室与同事讨论探究，查阅资料，终于在好几年前的一份杂志上找到了一篇质疑《师说》中心论点的文章。她写下了教育随笔《〈师说〉的中心论点究竟是什么》。当我听她读完那篇随笔的一刹那，我认定：她是一位真正的师者。

　　作为学者，她如麦田里的守望者，在知识的田野里开垦收获，执着地探索真理、创造快乐。我见过很能写的老师，也见过很会写的老师，但像她那样既能写又会写的老师寥寥无几。因为热爱生活、享受生活，她才能做到文思泉涌，几乎每天都为我们带来不一样的精神食粮。她的文章可以清新自然，如那篇《古月山之旅》；她的文章可以简洁大气，如那篇《汉字听写大赛》；她的文章可以隽永生动，如她描写读王小波散文的感受——读王小波的散文就如同啃冰箱里的冷冻馒头；她的文章可以深刻美丽，如那篇描写鲁迅文章风格的文字，还有那篇《读〈锦瑟〉》，文中有令全班同学拍手叫绝的句子："情到浓时转成淡，痛到极处化云烟。"她是学者，一位快乐的学者，一位因语文而快乐的学者。

　　老师不一定美若天仙，但一定要有一颗美丽的心；老师不一定会讲笑话，但一定要用微笑面对生活；老师不一定有多高的学历，但一定要不停地学习。弭老师，就是这样的师者、学者。

你们是我最好的学生

——来自家长的教育随笔

"我们语文老师说:'你们是我最好的学生!'"说这话时,女儿的眼睛里闪着幸福的光芒,脸上带着骄傲的微笑。

一次午饭时,女儿和我分享了上面这句话。老师口中的"你们",女儿认为自然是包括她在内。我没想到,老师的一句赞美,让女儿如此自豪!女儿是个不太爱表现的孩子,在那个高手如云的实验班里,她的语文成绩并不突出,但是她非常喜欢语文课,更喜欢语文老师。女儿的语文老师就是弭老师,是我们章丘高中语文界首屈一指的大家,她教过的学生,考入名校的可谓多矣,真正是桃李满天下。

女儿说:"语文老师的课总是另辟蹊径,收获别样的精彩。"她给学生分享个人博客,读自己写的文章,同学们了解了她的磨难经历,感悟到磨难是成长的财富。她在家长群里分享自己的一篇篇教育随笔,如《考试到底考什么》《救救我们急功近利的孩子们》……也让我们这些做家长的静下心来反思自己的教育观念和做法。

女儿说,学习《再别康桥》,弭老师用的是角色课堂学习法;学习《诗经·卫风·氓》,搞了现代诗歌改写创作盛会;学完《鸿门宴》,让学生写《刘邦(项羽),我想对你说》;学习《荆轲刺秦王》,让学生为老师设计课堂导语……总之,弭老师的新奇想法和创意课堂让学生久久难忘。

前段时间，我买了一支眉笔，告诉女儿以后有活动，可以自己化妆了。女儿问："老师给我们读过林清玄的《生命的化妆》，您读过吗？"我一时语塞，心想啥叫"生命的化妆"？我立刻找来细读。

弭老师给学生讲了她教过的一个成绩不错的学生自杀的事，告诉学生要做一个内心强大的人。考试结束后，几家欢乐几家愁，弭老师将自己的思考写成教育随笔《考试到底是个什么鬼？》发到家长群里，及时跟家长交流。家长们看了，如醍醐灌顶，纷纷表示等孩子放学回来也让孩子读读。弭老师说，这篇文章学生已经读过了，学生是她文章的第一读者。真替孩子们感到幸福，他们能听读弭老师的文章，走过高中三年！

弭老师的言行深深地影响着学生，女儿经常说的一句话就是："我们语文老师说……"我也曾当过十二年的初中老师、一年的小学老师。我常对学生说的是："你们是我教过的最差的一级学生！"而弭老师却说："你们是我最好的学生！"我没有顾及学生的感受，只顾发泄自己的不满，与弭老师相比，我需要反思的地方太多了，需要学习的地方太多了！

女儿说，上高中以来，她的收获很大，尤其是在语文课上。弭老师的课堂像有魔力一般吸引着女儿。女儿说，她在弭老师的课堂上收获了知识，开阔了眼界，见识了大境界、大格局。她喜欢语文课堂，她感谢弭老师。

后　记

　　叶澜教授说："一个教师写一辈子教案难以成为名师，但如果写三年反思则有可能成为名师。"教书二十八载，我一直坚持写教育教学的反思、随笔。一直写，倒不是为了成为名师。因为喜欢，所以坚持；因为坚持，渐成习惯。

　　这一习惯锻炼了我的思考能力，提升了我的语言表达能力，增强了我的语文课堂魅力。站上讲台，开口讲话，思想和语言就必须像个语文老师的样子。这是我最朴素的追求。语文不是单靠老师"告诉式"的讲授就能学好的，它需要熏陶渐染。老师与其苦口婆心地告诉学生阅读和写作如何重要，给学生讲授一大堆方法技巧，不如自己读起来，写起来。

　　这么多年来，我能成为一届届学生喜欢的老师，我的课堂能被评为"最受学生喜欢的课堂"，大概是因为我一直坚持阅读、思考和写作。我的每一篇教育随笔，学生都是第一读者。听读这些文章的时刻，是我和学生心灵对话的美好时刻，是我们语文课堂的幸福时刻。学生在听读中学会了思考，学会了表达，学会了做人。

　　坚持写了这么多年，我的教育教学的反思、随笔积攒了不少，多年前就有结集成书的想法：一则这些文章是我独特而丰富的语文教育教学资源，想做一个系统而理性的梳理；二则想给自己多年来的坚持一个鼓励，同时也是纪念与怀想那些逝去的光阴。但由于我的疏懒和懈怠，始终没有付诸行动。

如今，这一想法终于实现了。

书稿即将付梓，我要感谢任职于山东财经大学的同学段春娟，是她给予了我热诚的鼓励。她说："像你这样始终热爱课堂、教出幸福感的老师不多，像你这样持续反思、坚持写教育随笔的老师不多。你是有教育情怀的老师，可以出本书，应该出本书。"没有春娟的热诚鼓励，也许这本书永远处在梦想的阶段。

感谢山东文艺出版社的责任编辑吕月兰和王怀瑞老师，他们出谋划策、精心编校，为本书的出版付出了辛勤的汗水。

感谢北京师范大学中国教育政策研究院执行院长张志勇教授，他在百忙中阅读我的书稿并为之作序，给予我莫大的指导和帮助。

感谢叙事教育倡导者、叙事者教师专业发展共同体发起人王维审老师，他给了我极大的鼓励和指导，并欣然答应为我的书稿作序。

感谢家人给予我的支持，感谢同事给予我的鼓励和指导。

感谢所有为本书的出版给予帮助的朋友。

弭新凤

2021 年 7 月 28 日